MENSAGENS
DE UM **AMIGO**

TONY ROBBINS

MENSAGENS DE UM AMIGO

Um guia rápido e simples para você assumir o comando da sua vida

Tradução
Pinheiro de Lemos

7ª edição

Rio de Janeiro | 2025

CIP-BRASIL. CATALOGAÇÃO NA FONTE
SINDICATO NACIONAL DOS EDITORES DE LIVROS, RJ.

Robbins, Tony

R545m Mensagens de um amigo : um guia rápido e simples para você assumir
7ª ed, o comando da sua vida / Tony Robbins; tradução: Pinheiro de Lemos. –
7ª ed. – Rio de Janeiro: Best*Seller*, 2025.
il.

Tradução de: Notes From A Friend
ISBN: 978-85-465-0047-5

1. Sucesso. 2. Relações humanas. 3. Programação neurolinguística.
4. Técnicas de autoajuda. I. Lemos, Pinheiro de. II. Título.

CDD: 158.1

17-41965   CDU: 159.95

Texto revisado segundo o novo Acordo Ortográfico da Língua Portuguesa.

Copyright © 1991,1995 by Anthony Robbins.
Copyright da tradução © 1996 by Editora Best Seller Ltda.

Publicado mediante acordo com a Fireside, uma divisão da Simon & Schuster, Inc.

Design de capa: O Porto Design
Imagem de capa: Getty Images

Todos os direitos reservados. Proibida a reprodução,
no todo ou em parte, sem autorização prévia por escrito da editora,
sejam quais forem os meios empregados.

Direitos exclusivos de publicação em língua portuguesa para o Brasil
adquiridos pela
EDITORA BEST SELLER LTDA.
Rua Argentina, 171, parte, São Cristóvão
Rio de Janeiro, RJ – 20921-380
que se reserva a propriedade literária desta tradução

Impresso no Brasil

ISBN 978-85-465-0047-5

Seja um leitor preferencial Record.
Cadastre-se e receba informações sobre nossos lançamentos e nossas promoções.

Atendimento e venda direta ao leitor
sac@record.com.br

*"Mais que uma mensagem de um amigo...
um guia indispensável!"*
ARNOLD SCHWARZENEGGER

Aos que compreendem que a maior dádiva da vida é o amor,
e que a maior alegria da vida é partilhá-lo.
Em particular, para os voluntários e o pessoal da
Fundação Anthony Robbins, cujos esforços sistematicamente
melhoram, mudam e salvam vidas.

OBRIGADO!

Obrigado por seu investimento neste livro. Por causa do seu interesse em melhorar a própria vida, você já contribuiu para melhorar a vida de outras pessoas. Sua contribuição ajuda os esforços voluntários da Fundação Anthony Robbins para proporcionar todos os anos alimentação, educação e outros recursos a mais de 150 mil pessoas necessitadas, nos Estados Unidos e no Canadá.

Escrevi este livro há anos, num estilo muito simples e objetivo, como parte do esforço anual da Brigada da Cesta de nossa fundação, no Dia de Ação de Graças. Como você vai ler nas próximas páginas, este feriado significa muito para mim: é não apenas uma tradição nacional, mas também pessoal no meu caso. É uma ocasião em que, mais do que nunca, um sentimento de gratidão pelas bênçãos em minha vida transborda num desejo de alcançar os outros. Portanto, este livro é exatamente o que é chamado: mensagens de um amigo, para serem lidas em qualquer época do ano, por qualquer um que precise ou queira um pouco de inspiração de alguém que se importa. Oferece algum encorajamento aos que precisam de um lembrete sobre as verdades básicas da vida e o estímulo de umas poucas boas ideias sobre a maneira de lidar com os desafios que surgem.

De forma irônica, a simplicidade deste pequeno livro sempre atraiu os milhares de voluntários que o distribuem tanto quanto os contemplados. E mais ainda: uma pesquisa informal me indicou que muitas pessoas nunca leram minhas obras mais amplas, *Poder sem limites* e *Desperte seu gigante interior**, porque se deixam intimidar pelo tamanho dos livros (mais de quatrocentas páginas cada um).

Por causa disso, resolvi atualizar e reeditar *Mensagens de um amigo* para o público em geral. Se você já é um estudioso da minha obra, talvez não encontre muita novidade aqui. Contudo, o livro parece exercer um efeito especial sobre quem o lê: adquire uma nova perspectiva ao revisar o material neste estilo acessível, fácil de ler. Se você ainda não está familiarizado com minha obra, espero que considere esta introdução agradável, encorajando-o a conhecer os recursos de que *Mensagens de um amigo* foi extraído.

Tendemos a esquecer que todos enfrentamos momentos difíceis, em que sentimos que os acontecimentos e circunstâncias têm mais controle sobre nossa vida do que nós mesmos. Às vezes nos sentimos abatidos e deprimidos. Ser dispensado de um emprego, por exemplo — mesmo que ainda tenhamos nossa casa e pessoas amadas —, pode causar uma grande sensação de perda. Os desafios da vida podem parecer tão imensos que também tendemos a esquecer as frustrações das pessoas ao nosso redor.

Não estamos sozinhos. Parte de uma vida de qualidade, parte do verdadeiro sucesso, é aprender a avaliar e considerar a luta emocional dos outros. Isso nos proporciona um senso de gratidão maior por nossa vida, até mesmo por nossas lutas. Em última análise, a única maneira de experimentar a riqueza da vida é viver numa atitude de gratidão: apreciar o que você tem e o que pode dar. A melhor maneira de garantir sua felicidade é ajudar os outros a encontrarem também a felicidade.

Lendo este livro, você já está dando uma coisa significativa. Como um "membro honorário" da nossa Brigada da Cesta, partilha nossos esforços para distribuir mais do que alimento. *Mensagens de um amigo*

---

* Publicado no Brasil pela Editora Best*Seller*.

oferece às pessoas alimento para o pensamento, uma maneira simples de considerar nossa vida e um caminho para começar a mudá-la e melhorá-la.

Obrigado por ajudar. Espero que este livro não apenas ajude a melhorar bastante a qualidade de sua vida, mas que também inspire a ajudar outras pessoas.

SUMÁRIO

Introdução: A história de um homem		17
Lição Um:	Sentindo-se sufocado... como reverter	25
Lição Dois:	Não há fracassos	31
Lição Três:	Seu lado incontrolável: Tomador de decisões	35
Lição Quatro:	Projete suas convicções e... destrua-as!	45
Lição Cinco:	O que você vê é o que você tem	53
Lição Seis:	Perguntas são as respostas	59
Lição Sete:	Bem-vindo ao grande estado de... você!	67
Lição Oito:	O vocabulário do sucesso	73
Lição Nove:	Você está diante de um muro? Supere-o com uma nova metáfora!	79
Lição Dez:	Preparar... Apontar... Objetivo! Como fixar objetivos pode construir seu futuro	83
Lição Onze:	O desafio mental de dez dias	93
Bem-vindo a um mundo interessado		97
Epílogo		101
Sobre a Fundação Anthony Robbins		103
Sobre as Companhias Anthony Robbins		105

O que aconteceria se, nas próximas páginas, você pudesse aprender algumas lições simples que lhe permitiriam se sentir mais feliz, ganhar uma vida melhor ou melhorar praticamente todas as áreas de sua vida?

INTRODUÇÃO

A HISTÓRIA DE UM HOMEM

No Dia de Ação de Graças, há muitos anos, uma jovem família acordou com um presságio. Em vez de aguardar um dia pleno de expectativa, todos se preocupavam com pensamentos do que não tinham. Na melhor das hipóteses, mal teriam uma refeição frugal naquele dia de "banquete". Se entrassem em contato com uma instituição filantrópica local, receberiam um peru, com todos os acompanhamentos, mas não o fizeram. Por quê? Porque, como muitas outras famílias, eram pessoas orgulhosas.

A situação difícil levou à frustração e ao desespero, depois a palavras ásperas e irreparáveis entre pai e mãe. O filho mais velho se sentiu abalado e impotente, enquanto observava as pessoas que mais amava tornarem-se cada vez mais furiosas e deprimidas.

E foi então que o destino interveio... Com uma batida alta e inesperada à porta! O garoto abriu-a e foi cumprimentado por um homem alto, em roupas amarrotadas. Ele exibia um sorriso largo e carregava uma cesta com todas as iguarias possíveis do Dia de Ação de Graças: um peru, o recheio, tortas, batatas-doces, produtos enlatados... Tudo para um banquete no feriado! A família ficou espantada. O homem à porta explicou:

— Isto é de alguém que sabe que vocês passam por necessidades e quer que saibam que são amados e apreciados.

A princípio, o pai não queria aceitar a cesta, mas o homem alegou:

— Sou apenas um entregador.

Sorrindo, ele pôs a cesta nos braços do garoto e acrescentou:

— Tenham um grande Dia de Ação de Graças!

Nesse instante, a vida daquele jovem mudou para sempre. Com esse ato simples de bondade, ele aprendeu que a esperança é eterna, que as pessoas — até mesmo "estranhos" — realmente se importam. O senso de gratidão que ele experimentou naquele dia deixou-o profundamente comovido. Jurou para si mesmo que algum dia seria próspero o suficiente para retribuir aos outros de maneira similar. E ao completar 18 anos, ele já começou a cumprir essa promessa. Mesmo ganhando pouco, resolveu comprar alimentos, não para si, mas para duas famílias que não tinham o que comer. Foi levar tudo usando uma *jeans* e uma camisa de malha comum, tencionando dar os presentes como um entregador. Ao chegar à primeira casa humilde, foi recebido por uma mulher latina, que o fitou com uma expressão desconfiada. Tinha seis filhos, e o marido abandonara a família poucos dias antes. Não tinham o que comer.

— Vim trazer uma entrega, senhora — anunciou o jovem.

Ele foi até o carro e começou a trazer as bolsas e caixas com alimentos: um peru recheado, tortas, batatas-doces, alimentos enlatados. A mulher ficou boquiaberta. As crianças, ao ver a comida, soltaram gritos de alegria.

A mãe, que falava inglês muito mal, agarrou o jovem pelo braço e se pôs a beijá-lo, balbuciando:

— Você presente de Deus! Você presente de Deus!

— Não, não — respondeu o jovem. — Sou apenas o entregador. Isto é o presente de um amigo.

Ele entregou um bilhete, que dizia:

Esta é uma mensagem de um amigo. Por favor, tenham um maravilhoso Dia de Ação de Graças — você e sua família. Saibam que são amados. E algum dia, se tiverem a oportunidade, façam o mesmo por outras pessoas.

MENSAGENS DE UM AMIGO

O jovem continuou a levar para a casa bolsas e mais bolsas de alimento. O entusiasmo, alegria e amor alcançaram um nível febril. Quando foi embora, o senso de ligação e contribuição comovia-o até as lágrimas. Enquanto se afastava, olhando para trás e vendo o rosto risonho da família que tivera o privilégio de ajudar, ele compreendeu que sua história completara o círculo, que o "dia horrível" de sua infância fora na verdade uma dádiva de Deus, pois o guiara e encaminhara para a realização através de uma vida dedicada à contribuição. Com esse ato, ele iniciou uma busca que continua até hoje: retribuir a dádiva que lhe foi concedida e à sua família e lembrar às pessoas que há sempre um meio de inverter as situações, que são amadas, e que — com providências simples, um pouco de compreensão e ação intensa — todos os desafios existentes neste momento podem ser transformados em lições e oportunidades valiosas para o crescimento pessoal e a felicidade a longo prazo.

Como sei tanto sobre esse jovem e sua família, não apenas o que faziam, mas também como se sentiam? Porque esse jovem sou eu.

Escrevi este livro porque quero que você saiba que alguém se importa com você. Quero que saiba que, por mais assustadoras e opressivas que suas circunstâncias possam parecer, você pode mudar a situação. Pode transformar sonhos que teve outrora em realidade. Como? Aproveitando uma força existente dentro de você no momento mesmo em que lê estas palavras. Essa força interior pode mudar qualquer coisa em sua vida, literalmente, numa questão de momentos. Basta acioná-la.

Como posso dizer isso com tanta convicção? Simplesmente porque usei essa força para mudar minha vida em grande escala. Há pouco mais de dez anos eu vivia lutando, em total frustração, com pouca ou nenhuma esperança. Morava num apartamento apertado de menos de quarenta metros quadrados em Venice, Califórnia. Sentia-me solitário e angustiado, com quinze quilos a mais do que meu peso normal. Não tinha planos para o futuro. Achava que a vida me dera a pior ajuda possível, que não havia nada que eu pudesse fazer para mudar. Estava quebrado em termos financeiros e falido em termos emocionais. Sentia-me sufocado, impotente e derrotado.

Tudo o que você deve fazer é desencadear essa força

Estou aqui para lhe dizer, porém, que em menos de um ano mudei tudo isso. Perdi doze quilos em menos de trinta dias. E me mantive assim, porque não me limitei a fazer uma dieta, mas mudei meu estado de espírito. Treinei meu corpo para ter o auge da condição física. Desenvolvi a confiança necessária para enfrentar os momentos difíceis e alcançar os objetivos com que sonhava. Meu segredo foi focalizar as necessidades de outras pessoas. A todo instante eu me perguntava: "Como posso acrescentar algo de valor à vida dos outros?" Através desse processo de pensamento, tornei-me um líder. Compreendi logo que não poderia ajudar os outros a mudarem se eu próprio não mudasse. O segredo da vida não era apenas dar, mas para dar eu tinha de me tornar uma pessoa melhor. No processo de me tornar melhor, atraí a mulher dos meus sonhos, casei com ela e me tornei pai. Passei de uma existência de ao deus-dará para um

MENSAGENS DE UM AMIGO

patrimônio líquido de mais de um milhão de dólares em menos de um ano. Mudei-me daquele pequeno apartamento para minha residência atual, um castelo com mil metros quadrados de área construída, com vista para o oceano Pacífico.

Mas não parei por aí. Assim que provei que podia ajudar a mim mesmo, procurei imediatamente os meios mais profundos de ajudar aos outros. Comecei a procurar modelos, aqueles que podiam criar mudança com a velocidade de um raio. Eram alguns dos maiores mestres e terapeutas do mundo, aqueles que ajudavam pessoas com problemas em uma ou duas sessões, em vez de levar um, dois ou mais anos. Como uma esponja, absorvi tanto quanto podia e passei a aplicar o que me haviam ensinado. Comecei a desenvolver uma série de estratégias e noções pessoais.

Desde então, essas técnicas levaram-me a trabalhar com mais de um milhão de pessoas, de 42 países, oferecendo-lhes as "ferramentas" e ajudando-as a transformarem sua vida. Esse excepcional privilégio e oportunidade de partilhar meu trabalho estendeu-se a uma maravilhosa diversidade de pessoas, de operários a pessoas de sangue azul de famílias reais do mundo inteiro, de presidentes de empresas a presidentes de companhias e de associações de pais e professores, de artistas de cinema a atletas profissionais, de mães e médicos a crianças e desabrigados. E através de meus livros, fitas gravadas, seminários e programas de televisão, tenho alcançado literalmente dezenas de milhões de pessoas. Em todos os casos, meu objetivo tem sido o de ajudar as pessoas a assumirem o controle e melhorarem sua qualidade de vida.

Não digo isso para impressioná-lo, mas para mostrar como as coisas podem mudar depressa. Depois que compreendemos o que molda nossos pensamentos, sentimentos e comportamento, basta uma ação coerente, inteligente e intensa. Com este livro, eu me ofereço para ser seu instrutor em todas as mudanças que desejar.

O PENSAMENTO POSITIVO NÃO É SUFICIENTE

Todos temos sonhos, não é mesmo? Todos queremos acreditar que somos especiais, que de alguma forma podemos fazer uma diferença, que podemos afetar nossa família, nossos amigos ou outras pessoas de uma maneira especial. Em determinado momento de nossa vida, todos tivemos uma noção do que realmente queríamos e do que realmente merecíamos.

Muitas pessoas, no entanto, esquecem seus sonhos quando enfrentam os desafios da vida. Põem de lado suas aspirações, esquecem que possuem a força para determinar seu futuro, perdem a confiança e esperança. O objetivo de minha vida tem sido o de lembrar às pessoas — pessoas como você e eu — que a força para mudar qualquer coisa está adormecida dentro de nós. Podemos despertar essa força e ressuscitar nossos sonhos, a partir de hoje. Este livro vai proporcionar-lhe algumas ferramentas simples que podem ajudá-lo a fazer com que isso aconteça.

O pensamento positivo, sem dúvida, é um grande começo. Você quer, com toda certeza, focalizar a maneira como as coisas vão se inverter — nas *soluções* —, não o modo como as coisas estão "erradas". **Mas só o pensamento positivo não é suficiente para transformar sua vida.** Você deve ter algumas estratégias, alguns planos passo a passo, para mudar como pensa, como sente e o que faz *em cada dia de sua vida*.

Não é verdade que todos queremos mudar ou melhorar alguma coisa em nossa vida? Quase todas as mudanças que queremos efetuar se enquadram em uma de duas categorias: ou queremos mudar a maneira como nos *sentimos* sobre as coisas (queremos ter mais confiança, superar nossos medos, livrar-nos das frustrações, queremos nos sentir felizes, ou nos sentir melhor pelas coisas que ocorreram no passado), ou queremos mudar nossas *ações* (queremos fazer alguma coisa diferente, como parar de fumar ou de beber, não mais adiar decisões). O grande problema é que, embora todos queiram promover essas mudanças, *bem poucos sabem como produzir uma mudança... e fazê-la durar.*

Com este livro, eu gostaria de ajudá-lo a tomar o rumo da mudança positiva, numa base sistemática. Não estou lhe prometendo o mundo através deste pequeno livro. Mas prometo que você pode assumir o controle absoluto e começar a mudar a qualidade de sua vida, usando algumas providências simples, que aprenderá nas páginas seguintes. Também poderá aplicar esses princípios simples para ajudar seus parentes e amigos.

A única coisa necessária para fazer isso funcionar por você agora é começar a acreditar que é possível mudar. O passado não importa. Qualquer coisa que não tenha dado certo no passado nada tem a ver com o que você fará agora. E o que você faz *neste momento* **é o que vai moldar seu destino.** Agora, você deve ser amigo de si mesmo. Não pode se "surrar" pelo que aconteceu antes; em vez disso, deve imediatamente focalizar soluções, em vez de problemas.

Está disposto a iniciar a jornada? Pois então vamos começar. E comece a mudar sua vida ao compreender o que faz quando está...

Lição Um

SENTINDO-SE SUFOCADO...
COMO REVERTER

Muitas vezes ocorrem fatos na vida que não podemos de fato controlar. A empresa em que trabalhamos passa por dificuldades e somos despedidos. Uma pessoa da família fica doente, alguém muito ligado a nós morre. O governo corta um programa de que dependemos. Nessas situações, podemos sentir que não há nada que sejamos capazes de fazer para melhorar a situação.

Talvez você já tenha passado pela experiência de tentar tudo o que podia para conseguir um emprego, ajudar sua família, encontrar a alma irmã, ou apenas se sentir mais feliz. Mas nada parecia dar certo. Quando tentamos um novo método, procuramos o melhor possível, mas nem assim alcançamos o objetivo, muitas vezes receamos tentar de novo. Por quê? Porque todos nós queremos evitar a dor! E ninguém quer fracassar de novo. Ninguém quer dar tudo de si só para se desapontar. Com frequência, depois de muitas dessas experiências de desapontamento, paramos de tentar! Chegamos a um ponto em que acreditamos que *nada* dará certo.

Se você se descobre na situação em que nem sequer está disposto a tentar, coloca-se numa posição que é chamada de "impotência aprendida". Você literalmente aprendeu — ou se ensinou — que é "impotente".

A boa notícia é que você está enganado. Pode fazer com que as coisas aconteçam! Pode mudar qualquer situação em sua vida hoje ao mudar suas percepções e suas ações.

"Não me sinto desencorajado, porque cada tentativa errada descartada é outro passo em frente."

— Thomas Edison

O primeiro passo para transformar sua vida é se livrar da convicção negativa de que não pode fazer coisa alguma ou que é impotente. Como pode fazer isso? Muitas vezes as pessoas alegam que não podem fazer uma coisa porque já tentaram outras no passado e nunca deu certo. Mas lembre-se — e tenho usado essa frase muitas e muitas vezes ao longo da minha vida —: SEU PASSADO NÃO É IGUAL A SEU FUTURO. O que importa não é o ontem, mas o que você faz *agora*. Muitas pessoas tentam alcançar o futuro usando o espelho retrovisor para se guiar! Se você fizer isso, vai acabar sofrendo um desastre. Em vez disso, deve focalizar o que pode fazer *hoje* para melhorar a situação.

PERSISTÊNCIA COMPENSA

Muitas pessoas me dizem: "Tentei *milhões* de meios de alcançar o sucesso e nada funciona!" Ou então: "Tentei *milhares* de coisas!" Pense a respeito. É mais do que provável que não tenham tentado centenas de meios de mudar a situação, nem mesmo dezenas. A maioria das pessoas tenta oito, nove ou dez maneiras de efetuar uma mudança e desiste quando nenhuma dá certo.

A chave para o sucesso é decidir o que é mais importante para você e depois realizar uma ação determinada todos os dias para conseguir o que quer, mesmo quando parece que não está dando certo.

MENSAGENS DE UM AMIGO

27

Darei um exemplo. Você já ouviu falar de um homem chamado Coronel Sanders? Claro que sim. Como o Coronel Sanders se tornou um sucesso tão excepcional? Foi porque ele nasceu rico? Sua família era rica? Ele estudou numa universidade importante, como Harvard? Talvez tenha se tornado bem-sucedido porque iniciou seu empreendimento ainda bem jovem. Esses fatos são verdadeiros?

A resposta é não. O Coronel Sanders só começou a realizar seu sonho quando tinha 65 anos de idade! O que o levou a finalmente iniciar uma ação? Estava sem dinheiro e sozinho. Recebeu seu primeiro cheque da previdência social, no valor de US$ 105 e ficou furioso. Mas em vez de culpar a sociedade ou apenas escrever uma carta revoltada de protesto ao Congresso, ele se perguntou: "**O que posso fazer que seria valioso para outras pessoas? Como posso retribuir?**" Pôs-se a pensar no que tinha de valioso para outras pessoas.

A primeira resposta foi: "Tenho uma receita de galinha que todos parecem adorar! E se eu vendesse minha receita de galinha a restaurantes? Poderia ganhar dinheiro fazendo isso?" Ele pensou em seguida: "Isso é ridículo. Vender a receita não daria nem para pagar o aluguel." Nova ideia surgiu: "E se eu não apenas vendesse a receita, mas também mostrasse como cozinhar a galinha direito? E se a galinha fosse tão saborosa que aumentasse o movimento no restaurante? Se mais pessoas fossem lá, se vendessem mais da minha galinha, talvez me dessem uma porcentagem dessas vendas adicionais."

Muitas pessoas têm grandes ideias. Mas o Coronel Sanders era diferente. Tratava-se de um homem que não se limitava a pensar em grandes coisas que poderia fazer. *Ele entrava em ação.* Começou a bater de porta em porta, dizendo a donos de restaurantes: "Tenho uma receita de galinha sensacional. Acho que aumentará suas vendas se a usar. E gostaria de ter uma participação nesse aumento do movimento."

Muitos riram em sua frente, disseram-lhe: "Suma daqui, velho. E por que está usando esse terno branco absurdo?" O Coronel Sanders desistiu? Absolutamente não. Tinha a primeira chave para o sucesso;

eu a chamo de *força pessoal*. **Força pessoal significa ser persistente na ação: Cada vez que você faz alguma coisa, aprende com isso, e encontra um meio de fazer melhor na próxima vez.** O Coronel Sanders, sem a menor dúvida, usou sua força pessoal! Em vez de ficar abatido pelo último restaurante que rejeitara sua ideia, tratou de focalizar a maneira de contar sua história de uma forma mais eficaz e obter resultados melhores na próxima vez.

Quantas vezes você acha que o Coronel Sanders ouviu não antes de ter a resposta que queria? **Ele foi rejeitado 1.009 vezes antes de ouvir o primeiro sim.** Passou *dois anos* viajando pela América em seu carro velho e amassado, dormindo no banco traseiro em seu terno branco amarrotado, levantando todos os dias para partilhar sua ideia com uma nova pessoa. Muitas vezes só comia pedaços das amostras que preparava para os compradores em potencial. Quantas pessoas você acha que ouviriam 1.009 nãos — dois anos de nãos! —, e mesmo assim continuariam? Bem poucas. É por isso que só existe um Coronel Sanders. Creio que a maioria das pessoas não chegaria a vinte nãos... muito menos cem ou mil! Contudo, é o que levamos às vezes para alcançar o êxito.

Se você analisar algumas das pessoas mais bem-sucedidas na história, vai encontrar uma coisa em comum: Elas não desistiam com a rejeição. Não aceitavam um não. Não permitiam que coisa alguma as impedisse de converter em realidade sua visão, seu objetivo. Você sabia que Walt Disney foi rejeitado 302 vezes antes de obter financiamento para seu sonho de criar "O Lugar Mais Feliz do Mundo"? Todos os bancos consideravam-no louco. Disney não era louco; era um visionário. Mais importante ainda: estava determinado a converter sua visão em realidade. Hoje, milhões de pessoas partilham "a alegria de Disney", um mundo como nenhum outro, um mundo deslanchado pela decisão de um único homem.

Quando eu morava em meu apartamento apertado, lavando a louça na banheira, tinha de me lembrar dessas histórias. Tinha de me lembrar que NENHUM PROBLEMA É PERMANENTE. NENHUM

PROBLEMA AFETA TODA A MINHA VIDA. ISTO TAMBÉM VAI PASSAR, SE EU CONTINUAR A TOMAR UMA AÇÃO INTENSA, POSITIVA E CONSTRUTIVA. Não parei de pensar: "Mesmo que minha vida pareça horrível neste momento, há muitas coisas por que me sentir grato, como os dois amigos que tenho, ou o fato de que tenho todos os meus sentidos, ou que posso respirar ar puro." Lembrava-me sempre de focalizar o que eu queria, de focalizar *soluções,* em vez de problemas. E me lembrei de que nenhum problema afeta toda a minha vida, embora possa parecer assim neste momento.

Assim, decidi que nunca mais acreditaria que toda a minha vida estava prejudicada apenas porque tinha dificuldades financeiras ou frustrações emocionais. Decidi que não havia nada de errado comigo, apenas me encontrava em "momento de espera". Em outras palavras, eu sabia que se continuasse a regar as sementes plantadas por mim — continuasse a fazer as coisas certas —, haveria de transformar aquele inverno da minha vida em primavera, quando colheria as recompensas de anos de esforços aparentemente infrutíferos. Também decidi que fazer sempre as mesmas coisas, muitas e muitas vezes, à espera de resultados diferentes, era uma insanidade. Tinha de tentar algo novo e insistir até encontrar as respostas de que precisava.

Minha mensagem para você é simples e acredite, no fundo de seu coração, que é verdadeira: **Uma ação maciça e coerente, com persistência e um senso de flexibilidade na busca de seus objetivos, vai proporcionar-lhe ao final o que você quer, mas primeiro deve abandonar qualquer senso de que não há solução.** Você deve focalizar imediatamente as ações que pode efetuar hoje, mesmo que sejam mínimas.

Isso faz sentido, não é mesmo? Então, por que mais pessoas não seguem o conselho do anúncio da Nike e *just do it,* apenas façam? A resposta é que são impedidas pelo medo do fracasso. Mas descobri algo maravilhoso sobre o fracasso...

Lição Dois

NÃO HÁ FRACASSOS

É tempo agora de você tomar uma *decisão*. Neste momento, prometa a si mesmo que nunca se entregará a sentimentos de derrota ou depressão. Isso não significa que você tem de ser irrealista sobre os desafios à sua frente. Mas que você agora compreende que as emoções de derrota e depressão o impedem de realizar as próprias ações capazes de mudar sua vida. Acredite que, embora as coisas possam parecer impossíveis agora, é capaz de invertê-las. **Afinal, todos temos problemas, desapontamentos e frustrações, mas é** *como lidamos com nossos reveses* **que moldará nossa vida, mais do que qualquer outra coisa que fazemos.**

Gostaria de partilhar com você um exemplo maravilhoso desse princípio em ação. Há muitos anos, um jovem queria ser um músico famoso. Largou a escola e saiu pelo mundo. Arrumar um emprego era bastante difícil para alguém sem experiência, que não completara o curso secundário. Ele se descobriu a tocar piano e cantar em alguns dos bares mais sórdidos da cidade, entregando o coração e a alma a pessoas tão embriagadas que sequer notavam sua presença.

Pode imaginar a frustração e humilhação que ele devia sentir? Ficou deprimido, emocionalmente abatido. Não tinha dinheiro, e por isso dormia em lavanderias automáticas. A única razão que o fazia persistir era o amor de sua namorada, uma mulher que ele sabia ser a mais linda do mundo.

Mas um dia ela também o deixou... e ele sentiu que sua vida acabara. Decidiu suicidar-se. Mas, antes de consumar o ato, tentou obter alguma ajuda, internando-se num hospital psiquiátrico. Nesse hospital, sua vida mudou... não porque ficasse "curado", mas porque se assustou ao constatar como as coisas podiam se tornar terríveis! Compreendeu que não tinha problemas *reais*. E nesse dia prometeu a si mesmo que nunca mais se permitiria, nunca mesmo, ficar tão deprimido. Trabalharia com tanta dedicação quanto precisasse, por tanto tempo quanto fosse necessário, até se tornar o músico bem-sucedido que sabia que podia ser. **Não vale a pena cometer suicídio por ninguém, por nenhum desapontamento. A vida sempre vale a pena. Há sempre algo por que se sentir grato.**

Por isso, ele persistiu. As recompensas não vieram de imediato, mas acabaram surgindo. Sua música hoje é conhecida no mundo inteiro. Seu nome é Billy Joel.

Você e eu precisamos nos lembrar sempre de que OS ATRASOS DE DEUS NÃO SÃO AS NEGATIVAS DE DEUS, que não há fracassos, que se você tenta alguma coisa e não dá certo, mas aprende no processo, o que pode ajudá-lo a ser mais eficaz no futuro, então foi na verdade bem-sucedido.

Há um dito que sempre me ajudou ao longo dos anos:

O SUCESSO É O RESULTADO DO BOM JULGAMENTO.

O BOM JULGAMENTO É O RESULTADO DA EXPERIÊNCIA.

A EXPERIÊNCIA É MUITAS VEZES O RESULTADO DE UM MAU JULGAMENTO.

Persista! Se continuamos a nos empenhar para fazer com que as coisas sejam melhores e aprendemos com os nossos "erros", então alcançaremos o sucesso. Agora, vamos examinar o que nos leva a entrar em ação...

Lição Três

SEU LADO INCONTROLÁVEL: TOMADOR DE DECISÕES

Já falei aqui da existência de uma força capaz de mudar qualquer parte de sua vida. E onde ela está? Como acioná-la? Todos sabemos que para obter novos resultados temos de encetar novas ações, mas devemos compreender que todas as nossas ações são geradas por uma decisão: **a força da decisão é a força da mudança.** Mais uma vez, é verdade que nem sempre podemos controlar os eventos em nossa vida, mas podemos controlar o que decidimos pensar, acreditar, sentir e fazer em relação a esses eventos. Devemos lembrar que em cada momento de vida, quer admitamos ou não para nós mesmos, uma nova série de opções, uma nova série de ações e uma nova série de resultados estão a apenas uma ou duas decisões de distância. A maioria esquece que possui esse poder de optar. EM ULTIMA ANÁLISE, SÃO AS NOSSAS DECISÕES, NÃO AS CONDIÇÕES DE NOSSA VIDA, QUE DETER-MINAM NOSSO DESTINO. Como você vive hoje é o resultado de com quem decidiu passar seu tempo, o que decidiu aprender ou não, o que decidiu acreditar, suas decisões de desistir ou persistir, suas decisões de casar ou ter filhos, suas decisões sobre o que comer, suas decisões de fumar ou beber, suas decisões sobre quem é e do que é capaz... todos esses fatores literalmente controlaram e orientaram sua vida. Se queremos de fato mudar nossa vida, então temos de tomar algumas decisões novas sobre o que representamos e o que vamos fazer... e o que *queremos*.

Quando uso a palavra *decisão*, estou me referindo a uma opção objetiva e consciente. Muitas pessoas dizem "Decidi que vou emagrecer", mas isso é genérico demais, não é bastante específico. Estão apenas enunciando uma preferência; em outras palavras, apenas dizem "Eu *gostaria* de emagrecer". Uma decisão concreta é tomada quando você elimina qualquer outra possibilidade diferente do que tenciona fazer, quando não olha para trás, quando sequer considera a alternativa de desistir.

Deixe-me dar um exemplo de um homem que compreendeu a força de uma decisão concreta, alguém que outrora decidiu que não desistiria. Seu nome é Soichiro Honda, fundador da Honda Corporation, fabricantes dos carros e motocicletas Honda. O Sr. Honda nunca permitiu que tragédias, problemas, desafios ou as reviravoltas das circunstâncias interferissem em seu caminho. **Em vez disso, ele decidiu muitas vezes encarar alguns dos maiores obstáculos em seu caminho como simples barreiras na corrida para alcançar seus objetivos.**

Em 1938, o Sr. Honda era um estudante pobre que sonhava projetar um anel de segmento que venderia e fabricaria para a Toyota. Passava o dia na escola e durante a noite trabalhava em seu projeto, afundado em graxa até os cotovelos. Gastou o pouco dinheiro de que dispunha em seu projeto, mas ainda assim não conseguiu conclui-lo. Acabou empenhando as joias da esposa para continuar.

MENSAGENS DE UM AMIGO

O Sr. Honda decidiu encarar as maiores dificuldades em seu caminho como meros obstáculos numa corrida para alcançar seus objetivos.

Depois de anos de esforço, finalmente aprontou o anel de segmento que tinha certeza que a Toyota compraria. Apresentou-o, mas foi rejeitado. Voltou à escola para sofrer a humilhação de ouvir os professores e colegas dizerem-lhe que era um tolo por projetar algo tão absurdo.

Ele sentiu-se frustrado? Pode apostar que sim. Ficou quebrado? Claro. E desistiu? *De jeito nenhum.*

Em vez disso, passou os dois anos seguintes procurando meios de melhorar o anel de segmento. Tinha a fórmula fundamental para o sucesso:

1. Ele decidiu o que queria.
2. Entrou em ação.
3. Notava quando as coisas estavam ou não dando certo.
4. Sempre mudava seus métodos. Era *flexível* na maneira como considerava as coisas.

Ao final, depois de mais dois anos, ele reformulou seu projeto, e a Toyota comprou-o.

A fim de construir sua fábrica, o Sr. Honda precisava de concreto, mas o governo japonês preparava-se para a Segunda Guerra Mundial, e por isso não havia material disponível. Mais uma vez, parecia que seu sonho morreria. Tudo indicava que ninguém o ajudaria Ele desistiu? Claro que não. Decidira construir aquela fábrica. Como desistir não era uma opção, reuniu um grupo de amigos para buscar uma solução. Durante semanas, trabalharam 24 horas por dia, até descobrirem uma nova maneira de fabricar concreto. Ele construiu a fábrica e pôde iniciar a produção dos anéis de segmento.

"MAS ESPERE, HÁ MAIS..."

A história não termina aqui. Durante a guerra, os Estados Unidos bombardearam sua fábrica, destruindo a maior parte. Em vez de se sentir derrotado, ele reuniu todos os empregados e disse: "Saiam correndo depressa e observem aqueles aviões. Eles costumam largar do céu os tanques de combustível. Precisamos descobrir onde caem e pegá-los, porque contêm as matérias-primas de que precisamos para nosso processo de produção." Eram materiais que não podiam ser encontrados em qualquer lugar do Japão. **O Sr. Honda descobriu um meio de aproveitar qualquer coisa que a vida lhe concedesse.** Mais tarde, um terremoto derrubou sua fábrica, e ele foi obrigado a vender sua operação à Toyota. Mas Deus nunca fecha uma porta sem abrir outra, e por isso devemos permanecer alerta para perceber as novas oportunidades que a vida nos oferece...

Quando a guerra acabou, o Japão se encontrava na maior desordem. Os recursos eram escassos em todos os cantos do país. A gasolina estava racionada, e em alguns casos quase impossível de se obter. O Sr.

MENSAGENS DE UM AMIGO

39

Honda não conseguia arrumar o suficiente para ir de carro ao mercado e comprar comida para a família. Mas, em vez de se sentir derrotado ou impotente, ele tomou uma nova decisão. Decidiu que não se contentaria com aquela qualidade de vida. Fez a si mesmo uma pergunta básica: "De que outra forma posso aumentar minha família? Como posso aproveitar coisas que já tenho para encontrar um meio de chegar ao mercado?" Lembrou-se de um pequeno motor que possuía, do tamanho e tipo para acionar um cortador de grama tradicional, e idealizou ajustá-lo em sua bicicleta. Foi criada assim a primeira bicicleta motorizada. Ele a usava para ir e voltar do mercado. Não demorou muito para que seus amigos pedissem que lhes fabricasse um veículo similar. Logo estava fabricando tantas bicicletas motorizadas, que não havia mais motores disponíveis. Decidiu construir uma nova fábrica, a fim de produzir os motores de que precisava. Mas não dispunha de dinheiro, e o Japão passava por uma violenta crise. Como faria?

"Seu destino é moldado nos momentos de decisão."

— Tony Robbins

Em vez de desistir e dizer "Não é possível", ele teve uma ideia brilhante. *Decidiu* escrever uma carta para todos os proprietários de lojas de bicicletas no Japão, dizendo que achava que tinha a solução para fazer o país se movimentar de novo, que sua bicicleta motorizada sairia barata e ajudaria as pessoas a chegarem a seu destino. Depois, solicitava um investimento.

Dos dezoito mil proprietários de lojas de bicicletas no Japão, três mil investiram no projeto. E depois ele foi um sucesso, certo? Errado! A bicicleta motorizada era muito grande e pesada, poucos japoneses compraram-na. Assim, mais uma vez, ele procurou determinar o que não funcionava, e mudou de novo seu projeto, em vez de desistir. *Decidiu* tornar seu veículo muito mais leve e menor. Tornou-se um sucesso da noite para o dia e ganhou o prêmio do Imperador. Todos achavam que ele tivera muita "sorte" pela ideia.

Ele teve sorte? Talvez, se sorte significa trabalhar com dedicação e objetividade. Hoje, a empresa do Sr. Honda é uma das mais bem-sucedidas do mundo. A Honda Corporation emprega agora mais de cem mil pessoas e só perde em vendas de carros nos Estados Unidos para a Toyota... e tudo porque o *Sr. Honda nunca desistiu.* **Ele nunca deixou que problemas ou circunstâncias interferissem em seu caminho.** *Decidiu* **que** *há sempre* **um meio de alcançar o êxito se você se empenhar de fato!**

DECISÕES, DECISÕES!

Você e eu sabemos que há pessoas que nasceram com certas vantagens: seus pais eram ricos e nasceram num ambiente privilegiado; pareciam abençoadas com corpos fortes e saudáveis; foram bem cuidadas por todos os meios possíveis e nunca precisaram de coisa alguma. Mas você e eu também sabemos que muitas dessas pessoas acabam obesas, frustradas e viciadas em substâncias químicas.

Da mesma forma, também conhecemos, lemos a respeito e ouvimos falar de pessoas que, contra todas as possibilidades, extrapolaram das limitações de suas condições, ao tomar *novas decisões* sobre o que fazer com suas vidas. **Tornaram-se exemplos do poder ilimitado do espírito humano.**

Como essas pessoas espantosas fizeram isso? Todas, em algum momento, decidiram que já não aguentavam mais. Decidiram que não admitiriam mais qualquer outra coisa que não o melhor. Tomaram uma decisão concreta para mudar suas vidas.

*Quando você toma uma decisão concreta, traça uma linha,
e não é na areia, mas no cimento.*

O que quero dizer com "decisão concreta"? Muitas pessoas dizem coisas como: "Eu deveria emagrecer um pouco. Eu deveria ganhar mais dinheiro. Eu deveria fazer alguma coisa para arrumar um emprego melhor. Eu deveria parar de beber." Mas você pode pensar em "deveria" durante todo o tempo, e nem por isso as coisas mudam!

A única maneira de mudar sua vida é tomar uma decisão concreta. Uma decisão concreta significa que você corta *qualquer outra possibilidade* além da que decidiu converter em realidade.

Se tomar decisões é tão simples e poderoso, por que mais pessoas não as tomam com mais frequência? Porque não sabem o que é uma decisão concreta. Pensam que decisões são como uma lista de desejos: "Eu gostaria de parar de fumar", ou "Eu gostaria de parar de beber". A maioria das pessoas não toma uma decisão há tanto tempo que até esqueceu como é!

Quando toma uma decisão concreta, você traça uma linha... e não é na areia, mas no cimento. Sabe exatamente o que deseja. Esse tipo de objetividade proporciona-lhe a força de fazer ainda mais para alcançar os resultados que decidiu buscar.

As pessoas que superam as dificuldades e transformam suas vidas tomam três tipos de decisões poderosas todos os dias:

1. o que focalizar;
2. o que as coisas significam;
3. o que fazer.

Outro dos meus exemplos prediletos é a história de Ed Roberts. É um homem "comum" confinado a uma cadeira de rodas que se tornou extraordinário ao tomar a decisão de agir além de suas limitações aparentes. É tetraplégico desde os 14 anos de idade. Durante o dia, usa um aparelho de respiração que aprendeu a controlar, contra todas as dificuldades, a fim de levar uma vida tão normal quanto possível. Passa as noites num pulmão de aço. Quase morrendo várias vezes, ele poderia muito bem ter decidido focalizar seu próprio sofrimento; em vez disso, porém, decidiu fazer uma diferença para os outros.

E o que ele conseguiu fazer? Durante os últimos quinze anos, sua decisão de lutar contra um mundo que se mostrava com frequência condescendente resultou em muitas melhorias na qualidade de vida de pessoas com deficiências físicas. Ed Roberts educou o público e iniciou tudo, de rampas de acesso para cadeira de rodas a vagas especiais em estacionamentos para deficientes. Tornou-se o primeiro tetraplégico a se formar na Universidade da Califórnia, em Berkeley. Acabou sendo diretor do Departamento Estadual de Reabilitação da Califórnia, sendo o pioneiro no cargo para pessoas com deficiências físicas.

É óbvio que esse homem decidiu focalizar algo diferente do que a maioria das pessoas em sua posição focalizaria. **Ele focalizou como poderia fazer uma diferença.** As dificuldades físicas constituíam um "desafio" para ele. Decidiu fazer qualquer coisa que pudesse melhorar a qualidade de vida de outras pessoas em suas condições. Empenhou-se em moldar o meio ambiente de maneira a melhorar a qualidade de vida de todos os deficientes físicos.

Ed Roberts é uma prova convincente de que não é onde você começa que importa, mas sim as *decisões* que toma sobre o ponto a que quer chegar. Todas as suas ações basearam-se num único e poderoso momento de decisão. O que você poderia fazer com sua vida se realmente *decidisse*?

POIS ENTÃO DECIDA AGORA!

Todo progresso humano começa com uma nova decisão. Portanto, quais são as coisas que você vem adiando, o que precisa fazer para melhorar sua vida? Talvez seja uma decisão de substituir o cigarro ou a bebida pela corrida ou leitura. Ou começar cada dia mais cedo e com uma atitude melhor. Talvez seja uma decisão de não mais culpar outros, e em vez disso projetar alguma nova ação que pode realizar todos os dias para tornar sua vida melhor. Talvez seja uma decisão de arrumar um novo emprego, encontrando um meio de ser mais valioso do que quase todos os outros. Talvez seja uma decisão de estudar e desenvolver algumas novas habilidades, que lhe permitirão ganhar mais ou proporcionar mais à sua família e amigos.

Neste momento, tome duas decisões que esteja disposto a levar adiante... qualquer que seja o custo. Primeiro, tome uma decisão simples: uma promessa a si mesmo ou a outros que possa cumprir com facilidade. Ao tomar essa decisão e agir de acordo, você provará para si mesmo que pode tomar decisões ainda maiores. Começará a fortalecer "os músculos da tomada de decisões"!

Agora, tome uma segunda decisão, que sabe que exigirá um empenho maior do que a primeira. Tome uma decisão que o inspire. Escreva as duas decisões nos espaços indicados em seguida, conte à família e aos amigos quais foram as decisões tomadas por você, e desfrute o orgulho de mantê-las!

Duas decisões importantes que tomei
e me comprometo a manter!

1. _____

_____

_____

_____

_____

2. _____

_____

_____

_____

_____

Ou você torna suas decisões concretas ou não vai depender de sua capacidade fazer o seguinte...

Lição Quatro

PROJETE SUAS CONVICÇÕES E... DESTRUA-AS!

Há uma força que controla todas as suas decisões. Influencia como você pensa e se sente em cada momento de sua vida. Determina o que você vai fazer e o que não vai fazer. Essa força está em suas *convicções*.

Quando você acredita em alguma coisa, dá a seu cérebro uma ordem incontestável de reagir de certa maneira. Por exemplo, alguém já lhe pediu alguma vez "Pode fazer o favor de ir buscar o sal?", e você foi para a cozinha pensando "Não sei onde está o sal"? Procurou por toda parte, nos armários, e acabou dizendo: "Não consigo encontrar o sal." A pessoa que lhe pediu que pegasse o sal veio para a cozinha, parou ao seu lado, apontou bem na sua frente e indagou: "O que é aquilo?" Era o sal! Sempre estivera ali? Pode apostar que sim. Como você não viu? Porque não *acreditou* que o sal estava ali.

Assim que temos uma convicção, esta começa a controlar o que podemos ver e o que podemos sentir. Você sabe que as convicções podem até mudar a cor dos olhos de uma pessoa? Podem mesmo.

Segundo o Dr. Bernie Siegel, autor de *Love, medicine and miracles* e outros livros sobre a ligação mente-corpo, os cientistas descobriram alguns fatos interessantes sobre pessoas que possuem múltiplas personalidades: quando algumas dessas pessoas acreditam que se transformaram em outro indivíduo, seu cérebro recebe uma ordem que literalmente altera sua bioquímica... e a cor dos olhos muda quando troca de personalidade!

As convicções podem até afetar o batimento cardíaco. Pessoas que acreditam fielmente no vodu morrerão se alguém lhes lançar um "feitiço"... não por causa do feitiço, mas porque dão a seu próprio coração uma ordem incontestável de parar de bater.

Você acha que suas convicções podem afetar sua vida e a dos outros ao seu redor? Pode apostar que sim! As convicções são muito poderosas, e por isso você deve ter o maior cuidado com tudo aquilo por que opta acreditar, em particular sobre si mesmo. Posso dizer-lhe que há certas convicções que muito me ajudaram, ao longo dos anos. Já mencionei aqui algumas dessas convicções:

- "Há sempre um meio de inverter a situação se eu me empenhar."
- "Não há fracassos na vida. Desde que eu aprenda algo, então tive êxito."
- "Os atrasos de Deus não são as negativas de Deus."
- "O passado não é igual ao futuro."
- "A qualquer momento, posso mudar toda a minha vida ao tomar uma nova decisão."

Essas convicções direcionaram a maneira como penso e como me comporto. Ajudaram-me a inverter coisas, contra imensos obstáculos, a fim de criar o sucesso vitalício.

MENSAGENS DE UM AMIGO

> "Fé é acreditar no que você não vê; a recompensa
> pela fé é ver o que você acredita."
>
> — Santo Agostinho

Mas, afinal, o que é uma convicção? Muitas vezes falamos sobre coisas sem termos uma ideia nítida do que realmente são. A maioria das pessoas trata uma convicção como se fosse algo concreto, quando na verdade não passa de um sentimento de certeza sobre o que alguma coisa significa. Se você diz que acredita que é inteligente, tudo o que diz na verdade é: "Eu me *sinto certo* de que sou inteligente." Esse sentimento de certeza permite-lhe explorar recursos que o ajudam a agir de maneira inteligente, para produzir os resultados desejados. Todos temos as respostas para quase tudo... ou pelo menos temos acesso às respostas de que precisamos através dos outros. Mas com frequência nossa falta de convicção — nossa falta de certeza — faz com que sejamos incapazes de usar a capacidade que existe dentro de nós.

Uma maneira simples de compreender uma convicção é pensar sobre sua estrutura básica: uma ideia. Há várias ideias que você pode ter, mas sem realmente acreditar nelas. Por exemplo, vamos analisar a ideia de que você está amando. Pare por um segundo e diga a si mesmo: "Estou amando."

Se "Estou amando" é uma ideia ou uma convicção, isso dependerá da convicção que você sente sobre a frase ao enunciá-la. Se você pensa "Não estou realmente amando", o que diz na verdade é: "Não me *sinto muito certo* de que estou amando."

Como transformamos uma ideia numa convicção? Deixe-me oferecer uma metáfora simples para descrever o processo. Se você pode pensar em uma *ideia* como uma mesa com apenas uma ou duas pernas, terá uma boa imagem do motivo pelo qual uma ideia não parece tão sólida quanto uma convicção. Sem as pernas, a mesa não ficará de pé sozinha. Uma *convicção*, por outro lado, é uma mesa com uma quantidade suficiente de pernas sólidas. Se você realmente acredita, "Estou amando", como *sabe* que está? Não é verdade que tem algumas referências para sustentar a ideia? Em outras palavras, não tem algumas *experiências* para comprová-la? Essas são as "pernas" que tornam sua mesa sólida... que transformam sua convicção em *certeza*.

Que experiências referenciais você possui para levá-lo a sentir-se certo de que está amando? Talvez alguém lhe tenha dito que você é uma pessoa muito amorosa. Ou talvez faça coisas todos os dias para tornar alguém mais tranquilo, mais feliz ou mais esperançoso. Talvez você se sinta bem em relação a outras pessoas, e apenas se *sentir* amoroso significa que está cheio de amor pelos outros. Mas quer saber de uma coisa? Todas essas experiências nada significam

Quais são as experiências referenciais que você teve que o levam a ter certeza de que está amando?

até que você as use para sustentar a ideia de que está amando. Ao fazer isso, as pernas fazem com que você se sinta sólido (certo) sobre a ideia, levando-o a começar a acreditar. Você sente a ideia como sólida, agora é uma convicção.

A partir do momento em que você compreende que as convicções são como mesas, pode começar a perceber como são construídas e ter também uma indicação de como é possível mudá-las. Primeiro, porém, é importante ressaltar que podemos desenvolver convicções sobre *qualquer coisa,* se encontrarmos pernas suficientes para sustentá-las.

Não é verdade que você tem experiência suficiente, ou conhece bastante de outras pessoas que passaram por momentos difíceis, para poder acreditar com a maior facilidade, se realmente quiser, que as pessoas são hipócritas e se aproveitarão de você se tiverem a menor oportunidade? Talvez você não queira acreditar nisso, e tenho certeza de que sabe que esse tipo de convicção não o leva a parte alguma, mas não conta com experiências que possam sustentar essa ideia e fazê-lo se sentir certo a respeito se assim quisesse?

Não é também verdade, porém, que tem experiências — referências — para sustentar a ideia de que as pessoas são basicamente boas, que se de fato se importar com elas, se tratá-las bem, vão querer ajudá-lo também?

A questão mais importante é a seguinte: **Qual dessas coisas é a verdadeira? É qualquer convicção que você decida projetar... é a sua opção.** A chave, portanto, é decidir que convicções lhe proporcionarão força e que convicções vão enfraquecê-lo.

As convicções são uma imensa fonte de poder. **Você pode escolher em que vai acreditar sobre si mesmo, e essas convicções vão determinar suas ações.** O importante é escolher convicções que o apoiem, que proporcionem esperança e energia.

Quais são as três convicções de que você precisa neste momento? Precisa acreditar que possui a confiança para enfrentar uma entrevista de emprego? A força para sair de um relacionamento pernicioso? O afeto para entrar num grande relacionamento? Escreva pelo menos uma convicção que você deve adotar já:

Devo acreditar:

_____

_____

_____

Às vezes as pessoas me dizem: "Ora, Tony, acreditei em alguma coisa uma vez... mas não deu certo." Como sabem com certeza que não deu certo? Talvez devessem ter dado mais tempo.

Talvez tenham aprendido com essa história milenar da Índia. É sobre um camponês que só dispõe de um cavalo para puxar seu arado, mas o cavalo foge. Os vizinhos dizem:

— Isso é horrível!

— Talvez — respondeu o camponês.

No dia seguinte, ele volta com dois cavalos. Os vizinhos dizem:

— Isso é maravilhoso!

— Talvez — diz o camponês.

Seu filho tenta domar os cavalos, mas acaba quebrando a perna.

— Ah, isso é horrível! — dizem os vizinhos.

— Talvez — diz o camponês.

No dia seguinte, o exército aparece, recruta todos os homens para a guerra, mas não pode levar seu filho ferido. Agora, os vizinhos dizem:

— Você tem muita sorte!

Qual terá sido a resposta do camponês? Isso mesmo: "Talvez."

MENSAGENS DE UM AMIGO

E a história continua assim, interminável, como a vida. Se você acredita em alguma coisa, mas ainda não deu certo, talvez esteja julgando cedo demais. Quando pensa que está com um problema, talvez não esteja. Pode ser apenas temporário.

Basta lembrar que sua capacidade de fazer esses julgamentos de uma maneira sensata dependerá em grande parte das possibilidades que você imagina, porque...

Lição Cinco

O QUE VOCÊ VÊ É O QUE VOCÊ TEM

Muitas pessoas querem mudar seu modo de sentir, mas não sabem como. A maneira mais rápida para mudar como você se sente em relação a qualquer coisa é **mudar o que está focalizando**. Se quiser se sentir horrível neste momento, seria muito fácil, não é? Basta pensar em algum acontecimento doloroso que ocorreu em sua vida e focalizar toda a sua atenção nisso... se pensar a respeito por tempo suficiente, vai se sentir horrível de novo.

Que absurdo! Você assistiria a um filme horrível várias vezes? Claro que não! Então por que reprisar um filme horrível *em sua mente?* Essa experiência apenas demonstra como é fácil para qualquer pessoa assumir sentimentos horríveis... e como é crucial controlar seu foco. Mesmo que as coisas sejam difíceis, você tem de focalizar o que *pode* fazer, o que *pode* controlar.

Se quiser se sentir bem neste momento, pode conseguir isso com a mesma facilidade, não é? Basta concentrar-se em algo que o fez feliz, que o fez se sentir bem consigo mesmo, com sua família e com seus amigos. Pode focalizar alguma coisa pela qual se sente grato hoje. Ou mesmo focalizar com tanta intensidade o futuro com que sonha, que se sente emocionado com ele de antemão! Isso lhe proporcionará a energia para começar a fazer as coisas acontecerem.

Deixe-me dar um exemplo simples. Digamos que você vai a uma festa, levando uma filmadora. Durante toda a noite, focaliza a lente da câmera no canto esquerdo da sala, onde um casal discute. À medida que focaliza a cena, você também pode ser impregnado por tanta raiva e infelicidade. Como focaliza a ira deles, é provável que pense: "Que casal miserável! Que festa miserável!"

E se, nessa mesma festa, você focalizasse sua atenção no canto direito? Ali há pessoas rindo e gracejando; em vez de brigarem, estão se divertindo! Mais tarde, se alguém lhe perguntasse "Como foi a festa?", você responderia: "Foi uma festa maravilhosa!" O ponto é simples: as pessoas podem observar coisas ilimitadas, mas muitas focalizam o que é terrível, aquelas que não podem controlar.

GUIE SEU FOCO NA DIREÇÃO CERTA

Compreende agora por que o foco é tão importante? Controla como você vê o mundo e o que faz a respeito. Acha que é possível também controlar como se sente? Pode apostar que sim.

Seu foco pode literalmente salvar sua vida. Uma das coisas que mais aprecio são carros de corrida. Jamais esquecerei a lição mais importante que aprendi na escola de pilotos de carros de corrida. O instrutor disse:

— A coisa mais importante para se lembrar é como sair de uma derrapagem.

Não é uma boa metáfora para a vida? Às vezes entramos numa derrapagem em que nos sentimos fora de controle.

— A chave para isso é muito simples — continuou ele. — O que a maioria das pessoas faz quando entra numa derrapagem é focalizar

MENSAGENS DE UM AMIGO

o que teme... o muro. Em vez disso, você deve focalizar *para onde quer ir.*

Tenho certeza de que você já ouviu falar de pessoas que guiam um carro esporte por uma estrada secundária e de repente perdem o controle. Por quilômetros ao redor, só há um poste telefônico, mas de alguma forma o motorista dá um jeito de atingi-lo. O motivo é simples: assim que as pessoas perdem o controle, focalizam exatamente o que querem evitar... e se ligam a isso. **A realidade é que você se encaminha para tudo o que focaliza.** Meu instrutor me disse:

— Vamos entrar num carro derrapando. Tenho um computador aqui. Quando aperto este botão, seu volante se levanta, fazendo-o derrapar fora de controle. Quando derraparmos, *não olhe para o muro.* **Focalize para onde você quer ir.**

— Não há problema, pois eu compreendo — respondi.

Na primeira vez em que eu acelerava por uma estrada, o instrutor apertou o botão de repente. Comecei a derrapar, fora de controle. E para onde você pensa que meus olhos foram? Pode apostar! Direto para o muro! Nos segundos finais, fiquei apavorado, porque sabia que ia bater. Mas o instrutor pegou minha cabeça e virou-a na direção para onde eu precisava ir. Continuamos a derrapar, eu sabia que íamos bater, mas era forçado a olhar na direção que ele me indicava. Mas enquanto focalizava essa direção, não pude deixar de virar o volante de acordo. Funcionou no último segundo e escapamos. Você pode imaginar meu alívio!

Uma coisa que é útil saber a respeito: quando você muda seu foco, nem sempre muda de direção de *imediato*. Não é o que também acontece em sua vida? Muitas vezes há um prazo entre o momento em que você redireciona seu foco e o instante em que a experiência se concretiza. Isso é mais um motivo ainda para começar a focalizar logo o que deseja, não esperar por mais tempo para resolver o problema.

Mas voltemos à nossa história. Aprendi a lição? Não de todo. Na próxima vez em que eu avançava para o muro, o instrutor teve de me lembrar aos gritos para olhar meu objetivo. Foi o que fiz, convicto que daria certo... e deu. Agora, quando derrapo, viro a cabeça para onde quero ir, o volante vira também, o carro obedece. Isso garante que sempre terei sucesso em controlar meu foco? Não. Aumenta minhas possibilidades? Pode apostar que sim!

Focalize aonde você quer ir.

Como isso se relaciona com você? Nós dois devemos cuidar para focalizar as soluções quando surgirem os problemas; focalizar para onde queremos ir, não o que nos assusta. **Você vai experimentar aquilo que mais pensa.**

Mudar o foco, tomar decisões e mudar convicções... tudo isso acontece da noite para o dia? Claro que não. Mais uma vez, é como desenvolver os músculos. Seus músculos não estufam de repente como os do Popeye! Tudo acontece pouco a pouco. Mas garanto que, se você mudar seu foco, mesmo que apenas um pouco, sua realidade mudará muito.

Agora, vamos estudar uma das ferramentas mais poderosas para mudar seu foco, uma coisa que tenho usado em todos os dias da minha vida, desde que decidi converter meus sonhos em realidade...

Lição Seis

PERGUNTAS SÃO AS RESPOSTAS

A melhor maneira de controlar seu foco é através do poder das perguntas. Sabia que fazer a pergunta certa pode até salvar sua vida?

Salvou a vida de Stanislavsky Lech. Os nazistas invadiram sua casa uma noite e levaram-no e a sua família para um campo de extermínio na Cracóvia. A família foi assassinada diante de seus olhos.

Fraco, desesperado e faminto, ele trabalhava do amanhecer ao anoitecer, junto com outros prisioneiros no campo. Como alguém podia sobreviver a tais horrores? De alguma forma, ele continuou. Um dia olhou para o pesadelo ao seu redor e concluiu que morreria se permanecesse ali por mais um dia sequer. Decidiu que tinha de fugir. E ainda mais importante, acreditou que havia uma maneira, embora ninguém jamais tivesse conseguido escapar de lá antes.

Seu foco mudou, de como sobreviver a uma indagação: "Como podemos escapar deste lugar horrível?" Recebia sempre a mesma resposta: "Não seja tolo! Não há como escapar. Formular tais perguntas só servirá para torturar sua alma." Mas ele não aceitava essa resposta. Continuou indagando: "Como posso fazer isso? Deve haver uma maneira. Como posso sair daqui?"

Um dia a resposta chegou. Lech farejou carne em decomposição a poucos passos de onde trabalhava: homens, mulheres e crianças que haviam sido mortos na câmara de gás e cujos cadáveres nus eram empilhados na traseira de um caminhão. Em vez de focalizar a pergunta "Como Deus pode permitir que uma coisa tão terrível aconteça?", ele se perguntou, "Como posso aproveitar isso para escapar?"

Enquanto o sol se punha e os prisioneiros se encaminhavam para os alojamentos, ele tirou as roupas e se meteu nu no meio dos cadáveres quando ninguém olhava.

Fingindo estar morto, ele esperou com o cheiro repulsivo da morte ao seu redor, comprimido pelo peso dos cadáveres. Finalmente, ouviu o motor do caminhão pegar. Depois de uma curta viagem, os cadáveres foram despejados numa cova aberta. Lech esperou até ter certeza de que não havia ninguém por perto, e depois correu — nu — por quarenta quilômetros até a liberdade.

O que fez a diferença entre o destino de Stanislavsky Lech e o de muitos milhões que morreram nos campos de extermínio? É claro que houve diversos fatores, mas uma diferença é que ele formulou uma pergunta diferente. E a formulou muitas vezes, na maior expectativa, convicto de que obteria uma resposta.

EIS AÍ UMA BOA PERGUNTA!

Fazemos perguntas a nós mesmos durante o dia inteiro. As perguntas controlam nosso foco, como pensamos, como sentimos.

Fazer as perguntas certas foi um dos principais meios pelos quais mudei minha vida. Parei de perguntar "Por que a vida é tão injusta?" e "Por que meus planos nunca dão certo?" **Em vez disso, comecei a fazer perguntas que poderiam me oferecer respostas úteis.**

"Peça e receberá. Procure e encontrará; bata e a porta lhe será aberta."

— Mateus 7:7

Primeiro, formulei algumas perguntas para resolver problemas. Essas perguntas me preparam para procurar e encontrar soluções sempre que um problema surge.

As perguntas que resolvem problemas

1. O que há de tão grave nesse problema?
2. O que ainda não é perfeito?
3. O que estou disposto a fazer para alcançar o que quero?
4. O que estou disposto a não fazer mais para alcançar o que quero?
5. Como posso desfrutar o processo, enquanto faço o que é necessário para conseguir o que quero?

Se tem dificuldades para responder a qualquer dessas perguntas, use o verbo *poder*. Por exemplo: "O que *poderia* me tornar mais feliz na vida neste momento?"

Também me faço perguntas específicas ao me levantar pela manhã e outras perguntas de noite, antes de dormir. Fazem com que eu me sinta bem durante o dia inteiro e o encerre com a maior animação.

As perguntas fortalecedoras da manhã

1. Com que estou feliz em minha vida neste momento? O que me torna feliz? Como isso me faz sentir?
2. O que me excita em minha vida neste momento? O que me deixa excitado? Como isso me faz sentir?
3. De que me orgulho em minha vida neste momento? O que me deixa orgulhoso? Como isso me faz sentir?

4. Pelo que sou grato em minha vida neste momento? O que me torna grato? Como isso me faz sentir?

5. O que mais aprecio em minha vida neste momento? Como aprecio? Como isso me faz sentir?

6. Em que estou empenhado em minha vida neste momento? Como estou empenhado? Como isso me faz sentir?

7. Quem eu amo? Quem me ama? O que me leva a amar? Como isso me faz sentir?

As perguntas fortalecedoras da noite

1. O que eu dei hoje? De que maneiras dei aos outros hoje?

2. O que aprendi hoje?

3. Como o dia de hoje aumentou a qualidade da minha vida? Como posso usar o dia de hoje como um investimento para meu futuro?

Essas perguntas têm sido sido essenciais para mim. Vão ajudá-lo a mudar seu foco... e podem ajudá-lo a mudar sua vida.

A DÁDIVA DAS GRANDES PERGUNTAS

A partir do momento em que você sabe como formular perguntas que fortalecem, pode ajudar não apenas a si mesmo, mas também aos outros. Uma ocasião, na cidade de Nova York, encontrei-me com um amigo e sócio para almoçar. Era um proeminente advogado e eu o admirava por seu sucesso na profissão, obtido desde que era jovem. Mas naquele dia ele sofrera o que julgava ser um golpe devastador — o sócio se retirara da firma, deixando-o com uma grande sobrecarga e sem ter a menor ideia de como superaria os problemas.

Seu foco era determinar o significado. Em qualquer situação, você pode focalizar o que o fará se sentir melhor ou o que o fará se sentir pior... e **encontrará tudo que procurar**. O problema era que ele fazia todas as perguntas erradas:

— Como meu sócio pôde me abandonar desse jeito? Ele não se importa? Não compreende que isso está destruindo minha vida? Não compreende que não posso passar sem ele? Como posso explicar a meus clientes que não posso manter a firma por mais tempo?

Essas perguntas têm sido essenciais para mim.

Todas essas perguntas presumiam que sua vida fora destruída. Havia muitos meios pelos quais eu poderia ajudar meu amigo, mas decidi que só faria algumas perguntas. Comecei a lhe fazer as perguntas fortalecedoras da manhã, depois as perguntas que resolvem problemas. Primeiro, indaguei:

— O que o deixa feliz? Sei que parece estúpido e ridículo, ao melhor estilo de Poliana, mas o que realmente o torna feliz?

Sua primeira resposta foi:

— Nada. Perguntei então:

— O que *poderia* torná-lo feliz neste momento, *se quisesse?*

Ele pensou por um momento, depois disse:

— Eu me sinto muito feliz com minha esposa, porque ela faz tudo o que deve e nosso relacionamento é profundo. — Meu amigo acrescentou: — Ela é uma das dádivas mais extraordinárias da minha vida.

Comentei que ela era mesmo uma mulher especial. Ele passou a focalizar seus sentimentos pela mulher, e no mesmo instante começou a se sentir melhor.

Você pode dizer que eu estava apenas desviando-o do problema, mas a verdade é que o ajudava a assumir um estado emocional melhor; e num estado melhor, você encontrará melhores meios de lidar com as situações.

Por isso, perguntei o que mais o tornava feliz. Ele se pôs a falar sobre como *deveria* estar feliz por ter ajudado um escritor a fechar o contrato de seu primeiro livro. O escritor ficara na maior satisfação. Ele me disse que deveria se sentir orgulhoso por isso, mas não era o que acontecia.

— Se você se orgulhasse, *como se sentiria?* — perguntei.

Enquanto ele pensava no quanto se sentiria bem, seu estado emocional começou a mudar. Perguntei então:

— De que mais se orgulha?

— Estou orgulhoso de meus filhos — respondeu ele. Eles se importam com os outros, sabem cuidar de si mesmos. Orgulho-me por terem se tornado homens e mulheres de valor e serem meus filhos. Fazem parte do meu legado.

Fiz outra pergunta:

— Como o faz se sentir o fato de saber que teve esse impacto?

E aquele homem, que antes acreditava que sua vida acabara, voltou à vida. Perguntei pelo que ele se sentia grato. Ele respondeu que se sentia grato por ter passado por momentos difíceis, quando era um advogado jovem e em ascensão, por ter desenvolvido sua carreira do nada, por ter vivido o "sonho americano".

— O que o deixa excitado? — perguntei então.

— **Eu me sinto excitado por ter a oportunidade neste momento de efetuar uma mudança** — respondeu ele.

Era a primeira vez que ele pensava nisso, e só o fazia porque mudara seu estado emocional de uma maneira radical.

— Quem você ama e quem o ama? — perguntei.

Ele se pôs a falar sobre a família, como todos mantinham um relacionamento profundo. Fiz então uma pergunta das mais difíceis:

— O que há de *bom* na saída de seu sócio?

— O que pode ser bom nisso é que detesto vir à cidade todos os dias — respondeu ele. — Adoro ficar em minha casa em Connecticut. **E também posso avaliar tudo de um novo ângulo.**

Isso o levou a pensar em toda uma série de possibilidades. Decidiu abrir um escritório em Connecticut, a apenas cinco minutos de carro de sua casa, junto com o filho, contratando um serviço de recados para atender seus telefonemas em Manhattan. Sentiu-se tão animado que decidiu procurar um novo escritório de imediato.

Numa questão de minutos, o poder das perguntas exercera sua magia. Seus recursos já estavam disponíveis antes? Claro que sim, mas as perguntas que se fazia antes o deixavam com o sentimento de impotência, levando-o a se ver como um velho que perdera tudo o que construíra. Na realidade, a vida concedera-lhe uma grande dádiva, mas não fora capaz de perceber a verdade até começar a fazer as perguntas de qualidade.

Outro meio de mudar a vida é sua fisiologia. O que é isso? Deixe-me falar a respeito...

Lição Sete

BEM-VINDO AO GRANDE ESTADO DE... VOCÊ!

A maioria das pessoas compreende que a maneira como nos sentimos em termos emocionais afeta a maneira como nos sentimos em termos físicos. Mas poucos compreendem como o inverso também é verdade: quando ficamos afetados em termos físicos, o mesmo acontece em termos emocionais. Os dois fatos não podem ser separados.

Devemos todos compreender que a emoção é criada pelo movimento. A maneira como nos movemos muda nosso modo de pensar, sentir e nosso comportamento. O movimento afeta a química do nosso corpo, incluindo tudo, das atividades mais físicas (como correr, bater palmas, pular) aos menores movimentos dos músculos faciais.

Como uma pessoa deprimida, por exemplo, olha para você? Se algum dia você já se sentiu deprimido, como seu próprio corpo lhe pareceu? A fim de se *sentir* deprimido, você não precisa usar seu *corpo* de uma certa maneira? O que deve fazer com os ombros, deixá-los pender para a frente ou erguê-los? A resposta não é óbvia? Onde está sua cabeça... abaixada? E seus olhos...

© 1960 United Feature Syndicate, Inc.

abaixados? Sua respiração é superficial? É preciso algum esforço para ficar deprimido. Você sabe como é a depressão porque já a sentiu em algum momento do passado, não é mesmo? Todos já passamos por isso. Até mesmo Charlie Brown.

Aqui está o mais interessante. Muitos pesquisadores têm estudado como o corpo pode ser afetado pelas emoções, mas só recentemente se tornaram interessados na maneira como as emoções são afetadas pelo corpo. Um desses estudos concluiu que é tão significativo saber que sorrimos quando nos sentimos bem ou quando estamos felizes quanto saber que o sorriso desencadeia processos biológicos que nos fazem sentir bem. Aumentam o fluxo de sangue para o cérebro e mudam o nível de oxigênio, o nível de estímulo dos mensageiros do cérebro, ou *neurotransmissores*. O mesmo acontece com outras expressões. Ponha sua expressão facial na fisiologia do medo, raiva, desgosto ou surpresa, e é isso o que vai sentir.

Anos atrás, um dos meios mais importantes pelos quais mudei minha vida foi alterar o modo de me mover, como gesticulava, como falava. A princípio, considerei isso uma tolice, não fazia o menor sentido. Mas descobri que ao mudar o movimento do meu corpo eu enviava uma mensagem ao cérebro, através do sistema nervoso, sobre o que esperava de mim mesmo. Comecei a alterar meus sentimentos e estado de espírito. Passei a ter pensamentos mais dinâmicos e a encetar ações mais vigorosas, positivas e agressivas. Mas o segredo foi fazer isso de uma forma consciente e deliberada no início, até que os movimentos pouco familiares se tornassem automáticos. Depois de algum tempo, eu não precisava mais pensar a respeito. Não era uma encenação. E sim hábitos poderosos e positivos dentro da minha mente e sistema nervoso.

Meus movimentos eram simplesmente cópias do que eu vira outras pessoas fazerem, pessoas bastante confiantes. Eu só fazia imitá-las com o mesmo tipo de intensidade e força. Isso me proporcionou toda uma perspectiva nova da vida, além de me tornar também muito mais persuasivo. Pude começar a influenciar positivamente não apenas a mim mesmo, mas também meus amigos e colegas de trabalho.

Talvez isso pareça simplista demais para você — modifique a maneira como se move e mudará sua vida —, mas é absolutamente acurado. Quanto maior a mudança em seus movimentos, maior a mudança em suas emoções e ações no dia a dia. Aqui vai uma sugestão: na próxima vez em que começar a se sentir frustrado, pule por um instante, sacuda o corpo inteiro, respire fundo, assuma um sorriso sem qualquer motivo e pergunte a si mesmo: "O que há de sensacional nisso? O que há de absurdo nisso? O que há de engraçado nisso? Esse problema terá alguma importância daqui a dez anos?" Mudar sua fisiologia e seu foco deixarão você num estado de espírito muito melhor. Com uma nova perspectiva, você pode lidar de uma maneira mais eficaz com qualquer coisa que o esteja perturbando.

Pode pensar em alguém que se movimente de uma maneira que você gostaria? Há amigos, parentes, professores, atores, dançarinos, oradores ou outros modelos poderosos que você poderia imitar? Imagine essa pessoa. Mesmo que não saiba com exatidão como essa pessoa se move ou fala, não poderia projetar uma boa ideia?

Suponhamos que você seja um ídolo do futebol americano e acaba de marcar o touchdown da vitória no campeonato anual. Como andaria? De cabeça baixa e com os ombros caídos? De jeito nenhum! Você estaria se pavoneando. Todo o seu corpo diria "Eu sou o maior!" Isso mudaria como você se sente e o que faz? Não resta a menor dúvida quanto a isso!

Você vai descobrir que ao se movimentar da mesma maneira que outra pessoa também passará a ter sentimentos similares. Neste momento, antes de passar para o próximo capítulo, experimente o seguinte. Fique de pé, e enquanto lê esta página pense num objetivo ou desejo seu, algo que realmente quer que aconteça em sua vida. Enquanto pensa a respeito, comece a *esperar* por isso. Assuma a posição que assumiria quando tem esperança, quando não tem certeza se as coisas darão certo. *Você espera que dê certo. Espera que nada saia errado.* Como você respira quando não tem certeza, quando apenas acalenta uma esperança? Como seu rosto parece quando está esperando? Como ficam seus ombros quando está esperando? Para onde se desloca o peso do corpo? O que imagina quando apenas espera que poderá alcançar um objetivo? Vê dando certo, mas também não dando certo? Experimente agora. Não se limite a ler as palavras nesta página.

Imagine agora que está *preocupado*. Comece a se preocupar com seu objetivo, apenas por alguns momentos, para verificar o que tem de fazer com seu corpo. O que faz com as mãos ao se preocupar? O que acontece com seus ombros? Há alguma tensão em seu corpo? Reduz ou restringe a respiração? O que acontece com seus músculos faciais? Como sua voz soa quando está preocupado? O que imagina? Vê apenas não dando certo? Vê o pior roteiro possível em sua mente? Assuma esse estado agora e observe o que faz com seu corpo para se sentir preocupado.

Agora, saia desse estado e comece a se sentir certo. Pense em seu objetivo. Respire fundo e assuma a posição em que estaria se tivesse certeza absoluta de que poderia alcançar seu objetivo. Como ficaria se não houvesse a menor dúvida em sua mente? Qual seria sua postura? Ponha-se nessa posição agora, mesmo enquanto lê estas palavras. Como respiraria? Que tipo de expressão seu rosto assumiria? O que faz com as mãos quando tem certeza absoluta de que vai conseguir o que quer?

Como é sua postura neste momento? Muito diferente de esperança e preocupação, não é? Como está distribuído o peso de seu corpo? De uma maneira equilibrada? Se tem certeza absoluta, provavelmente se sente bem plantado e centralizado. O que está projetando? Aposto que não vê dando errado, mas apenas dando certo.

Como pode se sentir assim todos os dias? Procure pessoas bem-sucedidas e imite a fisiologia da confiança delas: os gestos, a respiração, a maneira de andar. Melhor ainda, modele os movimentos físicos que você usa quando se encontra no auge do estado de espírito ou emoção. Vai descobrir que isso não é apenas um jogo, mas uma maneira de aproveitar a espantosa inteligência existente em cada célula de seu corpo e cérebro. Você semeia as mesmas sementes de movimento e respiração, e colherá recompensas similares.

E como está fazendo contato com modelos de confiança, sucesso e felicidade, não se limite a observar sua fisiologia, mas também passe a ouvir o que dizem. Escute a estrutura de sua linguagem e aprenderá a desenvolver...

Lição Oito

O VOCABULÁRIO DO SUCESSO

Há vários anos tive uma reunião de negócios bastante esclarecedora, na qual aprendi o impressionante poder das palavras. Estava com dois homens que conhecia havia bastante tempo, e acabáramos de descobrir que um associado nos negócios tentara se aproveitar de nós. Eu me sentia transtornado com a situação. Creio que se pode até dizer que estava furioso. Um sócio estava tão irritado que ficou com o rosto vermelho.

— Estou *furioso!*

Perguntei por que se sentia tão zangado.

— Porque, se você fica realmente furioso, torna-se forte e pode mudar qualquer coisa!

Mas o outro sócio mantinha-se calmo. Estava "um pouco amolado", disse ele. *Amolado?*

— Por que se sente um pouco amolado, em vez de furioso? — indaguei.

— Se você se zanga demais, perde o controle. E o outro vence.

Amolado. Achei que era a palavra mais estúpida que já ouvira. Como aquele sujeito bem-sucedido podia usar uma palavra assim e ainda ficar sério?

A resposta era que ele não precisava se esforçar para isso. Quase parecia gostar de falar sobre coisas que teriam me levado à loucura. A palavra surtiu um efeito inequívoco nele... e em mim. Por algum motivo, dizer "amolado" fazia-me sentir menos transtornado.

Por isso, resolvi experimentar. Parti numa viagem de negócios, cheguei ao hotel em que fizera reserva, descobri que não tinham um quarto para mim.

— Desculpe, mas quanto mais fico parado aqui, mais me sinto *amolado*.

O recepcionista fitou-me, sem saber como reagir, e sorriu contra a vontade. Tive de retribuir o sorriso.

Durante as semanas subsequentes, usei essa palavra em diversas ocasiões. A cada vez, achava-a tão estúpida que rompia meu padrão de raiva ou frustração, no mesmo instante baixava minha intensidade emocional.

Era apenas uma palavra. Mas a maneira como falamos para nós mesmos — as palavras específicas que usamos — controla nosso modo de pensar. E a maneira como pensamos controla como nos sentimos e o que fazemos.

Se você diz que está "furioso", "indignado" ou "arrasado", que tipos de sentimentos terá? Que tipos de perguntas fará a si mesmo? O que estará focalizando? Sua pressão não vai subir pelas paredes?

Mas suponhamos que em vez de "furioso" você fique apenas "amolado"? Em vez de "assoberbado", apenas "solicitado"? Em vez de "irritado", apenas "contrariado"? Em vez de "rejeitado", apenas "incompreendido"? E em vez de "arrasado", apenas "um pouco aborrecido"? Acha que começaria a se sentir diferente? É melhor acreditar que sim!

Talvez esse meio pareça simples demais. Não pode ser tão fácil assim mudar como nos sentimos apenas pela alteração de nossa linguagem! Mas a verdade é que as palavras possuem o poder de modificar como nos sentimos. É por isso que ficamos tão comovidos quando ouvimos, mesmo décadas depois, as palavras de Martin Luther King, Jr. sobre seu sonho, ou John F. Kennedy falando sobre o que uma pessoa pode fazer por um país. As palavras mudam nosso modo de sentir. A maioria das pessoas não tem uma percepção consciente das palavras que usa ao se comunicar com as outras — e consigo mesma — no dia a dia, muito menos a maneira por que afetam como pensamos e sentimos, de um momento para outro. Se, por exemplo, alguém lhe diz que está *enganado* sobre alguma coisa, você pode ter uma reação. Se alguém lhe diz que está *errado,* você pode ter uma reação mais intensa. Se lhe dizem que está *mentindo* — embora seja essencialmente a mesma declaração —, a simples mudança de uma palavra pode alterar a maneira como você pensa e sente no mesmo instante, não é?

SENTINDO-SE ESTIMULADO

Também funciona no sentido inverso. Você pode aumentar o volume das emoções felizes pela simples mudança do modo como as descreve.

Sinta-se "extasiado" em vez de apenas "satisfeito". "Fascinado", em vez de apenas "interessado". "Maravilhoso", em vez de apenas "bem". Você não é apenas "determinado", mas "incontrolável".

Ou seja, você deve se preparar para um novo tipo de teste de vocabulário. Pense em algumas palavras que usa para descrever sua vida que fazem com que se sinta horrível. Depois, pense em algumas palavras novas que pode usar no lugar delas. Pode fazer com que sejam cômicas, se quiser. Divirta-se!

Você pode aumentar o volume das emoções felizes apenas por mudar como as descreve.

Palavra antiga, enfraquecedora	Palavra nova, fortalecedora
estúpida	*esclarecedora*

Tenho certeza de que você conhece algumas palavras extraordinárias! Só para lhe dar mais algumas ideias, apresento a seguir uma lista de palavras que ouvi ao longo dos anos:

Emoção negativa/ expressão	Transforma-se em
furioso	desencantado
deprimido	calmo antes da ação
desapontado	expectante
embaraçado	consciente
isso fede	isso é um pouco aromático
fracassei	aprendi alguma coisa
perdi	estou procurando
horrível	diferente

Agora, procure palavras que deem a maior carga à sua experiência. Converta as palavras simples de aprovação em erupções de prazer!

Palavra antiga, insípida	Palavra nova, excitante
interessante	*espantosa*

Eis alguns exemplos:

Emoção positiva/ expressão	Transforma-se em
desperto	energizado
calmo	transbordando
muito bom	incrível
afortunado	abençoado
bom	não poderia ser melhor
certo	super
agradável	explosivo
elegante	brilhante
de bom gosto	suntuoso

Comece já a usar roupas novas. Procure divertir-se ao máximo, não apenas "passe o tempo". Se tem problemas com isso, então talvez precise responder a uma pergunta...

Lição Nove

VOCÊ ESTÁ DIANTE DE UM MURO? SUPERE-O COM UMA NOVA METÁFORA!

"Estou no fim da linha."

"Não consigo passar pelo muro."

"Minha cabeça está prestes a explodir."

"Estou numa encruzilhada."

"Estou perdido."

"Estou flutuando em pleno ar."

"Estou me afogando."

"Estou num beco sem saída."

"Estou carregando o mundo nos ombros."

O que todas essas declarações têm em comum? São *metáforas*. E o que é uma metáfora? Sempre que a significação natural de uma palavra é substituída por outra, em virtude de relação de semelhança subentendida, está criando uma metáfora. As metáforas são como símbolos: uma maneira rápida de dizer muita coisa. As pessoas usam metáforas durante todo o tempo para descrever como se sentem em relação às coisas.

"A vida é uma luta" e "a vida é uma praia" são duas metáforas e duas maneiras muito diferentes de encarar o mundo. O que acontece com pensar que a vida é uma luta? Se você descreve a vida assim, provavelmente acredita que as pessoas estão sempre lutando umas contra as outras.

Mas se você diz que a vida é uma praia, pode acreditar que as pessoas são capazes de se divertir juntas!

"A vida é um jogo."

METÁFORAS QUE FAZEM A DIFERENÇA

Por trás de cada metáfora há um sistema de convicções. **Quando você opta por uma metáfora para descrever sua vida ou situação, também opta pelas convicções que a projetam.** É por isso que você deve ser cuidadoso com a maneira pela qual descreve seu mundo... para si mesmo ou para os outros.

Duas pessoas que têm metáforas admiráveis são o ator Martin Sheen e sua esposa, Janet. A metáfora para a humanidade é "uma gigantesca família". Em consequência, eles sentem o mais profundo carinho e compaixão mesmo por totais estranhos.

Lembro quando Martin partilhou comigo a comovente história de como sua vida mudou há vários anos, enquanto fazia o filme *Apocalipse Now*. Antes, ele encarava a vida como algo a temer. Agora, considera-a como um desafio fascinante. Por quê? Sua nova metáfora é "A vida é um mistério".

O que mudou sua metáfora? A dor intensa. Filmavam em prazos e condições extenuantes, no meio da selva filipina. Depois de uma noite irrequieta, ele acordou na manhã seguinte e compreendeu que estava sofrendo um infarto agudo. Partes de seu corpo já estavam dormentes e paralisadas. Ele se jogou no chão, e através apenas da força de vontade conseguiu se arrastar até a porta e obter ajuda.

Graças aos esforços da equipe, médicos e até de um piloto de acrobacia, Martin foi levado de avião a um hospital, para cuidados de emergência. Janet correu para seu lado. Martin se tornava mais e mais fraco a cada momento. Ela se recusou a aceitar a gravidade do estado dele — sabia que o marido precisava de força —, por isso lhe sorriu e declarou: "É apenas um filme, querido! Apenas um filme!"

Martin me contou que nesse instante teve certeza de que ia sobreviver. Não podia rir, mas começou a sorrir, e com isso começou a se recuperar.

Que metáfora espetacular! Nos filmes, as pessoas não morrem de verdade, não é? Num filme, *você* pode decidir como termina.

Posso ouvir você dizendo: "Tudo isso *parece* ótimo, mas neste momento estou acuado." Muito bem, procure o portão de saída e abra-o. Mas acontece que estou carregando o peso do mundo nos ombros", você pode dizer. Pois então o largue e vá em frente!

Como você descreve *seu* mundo? É um teste? É uma luta? E se fosse um baile? Ou um jogo? Ou um jardim florido?

Se a vida fosse um baile, o que isso significaria? Você teria parceiras, movimentos graciosos e harmonia. E se a vida fosse um jogo? Seria divertida; seria uma oportunidade para você jogar com outras pessoas; podia até significar que há regras... e vencedores. E se a vida fosse um jardim florido? Pense nas cores exuberantes, a fragrância fascinante, a beleza natural! Poderia desfrutar a vida um pouco mais num jardim assim?

De que você precisaria para transformar sua vida em *qualquer coisa que queira?* Deve primeiro...

Lição Dez

PREPARAR... APONTAR... OBJETIVO! COMO FIXAR OBJETIVOS PODE CONSTRUIR SEU FUTURO

Quando as pessoas alcançam objetivos extraordinários, aparentemente impossíveis, muitas vezes presumem que foram "afortunadas", estavam "no lugar certo na hora certa", ou "nasceram sob uma estrela da sorte". Mas entrevistei muitos dos maiores realizadores do mundo, e uma das coisas interessantes que aprendi é que cada uma de suas realizações incríveis começou com o mesmo primeiro passo: a estabelecendo um objetivo.

Por exemplo, quando conheci Michael Jordan, perguntei o que achava que o distinguia dos outros jogadores de basquete, o que o levara por vezes incontáveis a vitórias pessoais e de seu time. O que o tornava o melhor? Era um talento divino? Era habilidade? Era estratégia? Michael me respondeu: "Muitas pessoas possuem um talento divino, e é claro que sou uma delas. Mas o que tem me distinguido por toda a minha vida é que você nunca encontrará outra pessoa mais competitiva do que eu. Não me contento em ser o segundo em coisa alguma."

Você deve estar especulando, como eu fiz, sobre a fonte dessa intensa competitividade. Um dos momentos decisivos ocorreu quando Michael cursava a décima série, depois que uma derrota temporária o impulsionou a se empenhar por um grande objetivo. O que a maioria das pessoas não sabe é que Michael — Air Jordan, Mister NBA, um dos maiores jogadores de basquete de todos os tempos, o mito que mudou o esporte para sempre — sequer conseguiu entrar no time de basquete de sua escola secundária.

No dia em que foi cortado do time dos Buccaneers da Laney High School, Michael foi para casa e chorou pelo resto da tarde. Teria sido fácil desistir depois desse tremendo desapontamento. Mas, em vez disso, ele transformou sua experiência dolorosa num desejo ardente: fixou para si mesmo um padrão mais elevado e um objetivo ainda maior. Tomou uma decisão concreta e poderosa... uma decisão que moldaria seu destino e o destino do esporte. Decidiu que não apenas entraria no time, mas também seria o melhor jogador na quadra.

Para alcançar esse objetivo ambicioso, ele fez o que todo homem ou mulher bem-sucedido faz: fixou um objetivo e depois iniciou uma ação imediata e intensa. Durante o verão, ele pediu a ajuda do treinador do time, Clifton Herring. Todas as manhãs, às seis horas, Herring leva-va Michael para a quadra e o submetia a exercícios intensivos. Nessa ocasião, o jogador de basquete em formação cresceu para 1,88m. O de-sejo que Michael tinha de alcançar seu objetivo era tão intenso que se pendurava todos os dias na barra na escola, tentando alongar o corpo, porque achava que isso o ajudaria a ingressar na equipe. (Isso serve para demonstrar o poder de se "alongar"!)

Michael treinava todos os dias. Quando o time voltou a se reunir, dessa vez ele conseguiu entrar. Provou um ponto que Doug Collins, seu treinador no Chicago Bulls, diria a seu respeito mais de dez anos depois: **Quanto mais você se prepara, mais sorte parece ter.** Algumas pessoas receiam fixar objetivos porque pensam que ficarão desapontadas ou podem fracassar. Não compreendem que alcançar o objetivo não é tão importante quanto fixá-lo, e depois iniciar uma ação sistemática para realizá-lo. **O motivo pelo qual estabelecemos objetivos é focalizar nossa vida e avançar na direção que gostaríamos de seguir.** Em última análise, se você alcança ou não seu objetivo não é tão importante quanto o tipo de pessoa que se torna ao buscá-lo.

Escolher um objetivo pode causar apenas uma pequena mudança no rumo de sua vida a princípio. É como um desses enormes cargueiros no mar: se o comandante altera o curso em apenas alguns graus, não se perceberá de imediato. Mas, em várias horas ou dias, essa mudança de direção levará o navio para um destino completamente diferente.

Para sair da depressão há mais de dez anos, tive de efetuar diversas mudanças no rumo e também fixar inúmeros objetivos. Enquanto me empenhava para alcançá-los (entrando em forma, desenvolvendo a confiança etc.), aprendi uma coisa da maior importância: meu sucesso dependia de fazer o melhor que podia... não apenas de vez em quando, mas de forma *sistemática*.

Todas as pessoas bem-sucedidas se dedicam à melhoria *incessante*. Nunca se satisfazem com apenas fazer bem; querem sempre realizar o melhor. Se você se dedicar a essa filosofia de constante e incessante melhoria, ou o que chamo de CANI!™, então pode virtualmente garantir que não apenas continuará a crescer ao longo da vida — a verdadeira fonte da felicidade —, mas também alcançará o sucesso. Antes que eu me esqueça, CANI! Não significa que você faz tudo com perfeição, nem significa que tudo muda de imediato. As pessoas mais bem-sucedidas são as que compreendem o poder de "dividir em pedacinhos", que não mordem mais do que podem mastigar de cada vez. Em outras palavras, dividem um objetivo em fragmentos que possam ser engolidos, "subobjetivos" acessíveis, que acabam levando ao sucesso final desejado. Mas não é suficiente apenas fixar subobjetivos; você tem de celebrar a conquista de cada pequeno passo. Isso o ajudará a aumentar o impulso e a desenvolver hábitos que, pouco a pouco, transformarão seus sonhos em realidade.

Todos já ouvimos falar que uma jornada de mil quilômetros começa com o primeiro passo. Mas com frequência esquecemos de lembrar isso a nós mesmos quando estamos fixando um objetivo. Quando foi a última vez que você se deu os parabéns apenas por ter dado um pequeno passo na direção desejada? Anos atrás, não esperei perder todos os dezoito quilos antes de me recompensar. A princípio, apenas empurrar o prato para o lado já era uma grande coisa... uma tremenda realização! Se você, por exemplo, apenas conversa com cinco pessoas hoje sobre uma iniciativa profissional que está pensando em tomar, obtendo informações que podem ajudá-lo a chegar a uma decisão, então deu cinco passos para a frente. Mesmo que não tenha tomado a iniciativa em sua carreira hoje, ainda está avançando numa nova direção. Lembre-se de que aquilo que fez no passado não determina o que fará no futuro.

A fim de sair da depressão, você tem de fixar vários objetivos.

MENSAGENS DE UM AMIGO

Como diz um poema famoso, *você* é o dono do seu destino; *você* é o comandante de sua alma. Cabe a você. Não espere para fixar seus objetivos. Comece a mudar o curso de seu cargueiro *agora,* porque lá na frente, a uma curta distância, está seu futuro.

UM FUTURO PELO QUAL VALE A PENA LUTAR

O que leva algumas pessoas a entrarem em ação, mesmo quando se sentem abatidas ou amedrontadas? Por que certas pessoas superam grandes obstáculos? Como retornam do que os outros chamam de derrota muitas e muitas vezes?

Essas pessoas têm um futuro pelo qual vale a pena lutar — *um futuro compulsivo.*

Veja, por exemplo, o caso de meu amigo W. Mitchell. Num grave acidente de motocicleta, ele sofreu queimaduras em dois terços de seu corpo. No hospital, ele decidiu que encontraria um meio de contribuir para as pessoas ao seu redor, apesar de tudo. Embora com o rosto irreconhecível, acreditou que seu sorriso poderia iluminar o mundo dos outros. Acreditou que poderia animar as pessoas; escutá-las e confortá-las. Foi o que fez.

Poucos anos mais tarde, ele sofreu outro acidente, dessa vez num avião, que o deixou paraplégico. Ele desistiu? Não. Ao contrário. Havia uma linda enfermeira no hospital.

— Como posso chamá-la para sair? — indagou meu amigo.

Os outros pacientes disseram-lhe que estava louco. Talvez no fundo ele concordasse. Mas não parou de sonhar.

W. Mitchell contemplou um futuro maravilhoso com aquela mulher. Usou seu charme, espírito livre e sua personalidade dinâmica para atraí-la, e os dois acabaram se casando. A maioria das pessoas em suas condições sequer teriam tentado. Mas ele mirou as estrelas... e mudou sua vida para sempre.

Como ele criou seu futuro compulsivo? Fixou objetivos muito além do que pensava que poderia de fato realizar. Tomou uma decisão de alcançar esses objetivos, quaisquer que fossem os obstáculos. Fez com que parecesse viável ao dividir o objetivo em fragmentos acessíveis: movimentos pequenos que precisava efetuar a cada dia, antes de poder fazer os movimentos mais dinâmicos para avançar em sua vida. Quando você escolhe um objetivo realmente inspirador, liberta sua força interior para alcançar muito mais do que os outros imaginam que é possível. Concede a si mesmo uma incrível oportunidade de se alongar e crescer.

"A vitória começa pelo início."

— Anônimo

Há pessoas — todos nós conhecemos algumas — que parecem viver perdidas num nevoeiro de confusão. Seguem para um lado, depois para outro. Tentam uma coisa, depois mudam para outra. Avançam por um caminho, depois recuam na direção oposta. O problema dessas pessoas é simples: não sabem o que querem. Você não pode atingir um alvo se não sabe qual é.

O que você precisa fazer agora é sonhar. Mas é absolutamente essencial que você faça isso com um foco total. Se apenas ler este livro, não vai adiantar muita coisa. Precisa sentar e pôr seus sonhos no papel.

Acomode-se num lugar confortável, um lugar onde se sinta seguro e à vontade. Planeje passar pelo menos meia hora descobrindo o que espera ser, fazer, partilhar, ver e criar. Podem ser os trinta minutos mais valiosos de sua vida! Você vai aprender a fixar objetivos e determinar resultados. Faça um mapa das estradas pelas quais quer viajar em sua vida. Defina para onde você quer ir e como espera chegar lá.

Deixe-me começar com uma advertência importante: Não há necessidade de impor limitações ao que é possível.

O que você faria se soubesse que não pode fracassar? Reserve-se um momento para considerar a fundo essa questão. **Se tivesse certeza absoluta do sucesso, que atividades teria, que ações faria?**

Seja específico. Quanto mais detalhado for, mais fortalecido estará para criar um resultado. Ao criar sua lista, alguns dos itens que anotará serão coisas em que vem pensando há anos. Algumas serão coisas com que nunca sonhou antes. Mas você precisa decidir o que realmente quer, porque saber o que quer determina o que vai conseguir. **Antes que algo aconteça no mundo, deve primeiro acontecer em sua mente.**

SEM LIMITES!

No final deste livro você encontrará algumas páginas em branco. Elas podem ser perfeitas para essa sessão de fixação de objetivos. Agora, vamos começar.

1. **Finja que é a época de Natal... o tempo para dar e receber presentes! Sonhe alto!** Anote *todos* os seus sonhos, todas as coisas que você quer ter, fazer, ser e partilhar. Imagine as pessoas, os sentimentos e os lugares que você quer como parte de sua vida. Sente-se agora, pegue a caneta e comece a escrever. Não tente imaginar como vai chegar lá; *apenas anote tudo.* **Não há limites.**

2. **Agora, repasse essa lista e calcule quando espera alcançar esses resultados:** seis meses, um ano, dois anos, cinco anos, dez anos, vinte anos. É útil saber em que estrutura de tempo você vai atuar.

   Observe como ficou a lista. Algumas pessoas descobrem que suas listas são dominadas por coisas que querem hoje. Outras verificam que seus maiores sonhos estão no futuro, em algum mundo perfeito de realização e sucesso total. Mas uma jornada de mil quilômetros começa com um único passo, e é importante ter consciência dos primeiros passos tanto quanto dos passos finais.

3. **Depois de fixados alguns prazos, escolha quatro objetivos que pode realizar** *este ano.* Selecione o que mais deseja, que mais o emociona, que lhe proporcionaria maior satisfação. Torne a anotar suas preferências em outra folha. Escreva também *por que* **vai alcançá-las de qualquer maneira.** *Por que fazer* algo é muito mais poderoso do que *como...* se você tem um *porque* bastante grande, sempre pode imaginar o *como.*

   Pense não apenas em si mesmo, mas também nos outros em sua vida. Como sua família ou amigos se beneficiariam se você alcançasse seus objetivos? Se tiver motivos suficientes, pode fazer praticamente qualquer coisa neste mundo.

4. **Depois de fazer tudo isso, descreva o tipo de pessoa que teria de ser para alcançar seus objetivos.** Será preciso mais compaixão ou mais ímpeto? Precisará voltar aos estudos? Se, por exemplo, você queria ser um professor, descreva que tipo de pessoa possui a capacidade de afetar a vida dos outros.

TREINE SEU CÉREBRO

Uma das minhas regras é que **sempre que fixo um objetivo, inicio uma ação imediata para consumá-lo.** W. Mitchell começou por sorrir para as pessoas no dia em que decidiu que daria alguma coisa ao mundo. Convidou a enfermeira para um passeio no mesmo instante.

Mas o romance não desabrochou de um momento para outro. O progresso também virá passo a passo para você. Como seu melhor amigo, você nunca se puniria por não ter alcançado seu objetivo imediatamente, não é mesmo?

MENSAGENS DE UM AMIGO

Por fim, "treine seu cérebro" para que saiba que esse objetivo é algo concreto:

- Duas vezes por dia, sente-se tranquilo por alguns minutos e pense em seu objetivo.
- Imagine que já alcançou seu objetivo. Experimente o prazer, o orgulho e a emoção dessa realização. Veja e ouça todos os detalhes maravilhosos!

Não é fantástico?

E você acredita nisso? Sim? Não? Mais ou menos? Eu gostaria de provar para você que essas ferramentas funcionam de fato. Por isso, inventei uma espécie de jogo. Se você concordar em jogá-lo — se estiver disposto a enfrentar os desafios com toda a sua determinação —, as recompensas serão além de qualquer coisa que imaginou.

Está pronto? Pois então vamos enfrentar...

Lição Onze

O DESAFIO MENTAL DE DEZ DIAS

Se não quiser fazer qualquer outra coisa neste livro, FAÇA PELO ME-NOS ESTA! É o que chamo de *Desafio mental de dez dias*. Este exercício mudou minha vida. Como?

Permitiu-me assumir o controle de minha mente, ao não me deixar manter um pensamento negativo de maneira sistemática.

Está pronto? Aqui estão as regras do jogo:

1. Durante os próximos dez dias, *recuse-se* a se apegar a pensamentos, sentimentos, perguntas ou palavras perniciosos.
2. Quando se surpreender focalizando o negativo — e isso vai acontecer —, trate logo de se fazer perguntas que o levem a uma posição melhor. Comece com as *Perguntas que resolvem problemas* (na página 61).
3. Quando acordar, faça a si mesmo as *Perguntas fortalecedoras da manhã* (na página 61). Antes de dormir, à noite, faça a si mesmo as *Perguntas fortalecedoras da noite* (na página 62). Isso fará maravilhas para mantê-lo se sentindo bem.
4. Durante os próximos dez dias, focalize *exclusivamente* as soluções, não os problemas.

5. Se tiver um pensamento, pergunta ou sentimento desfavorável, não se puna por isso. Apenas mude de imediato. Se persistir nisso por mais de cinco minutos, no entanto, *espere até a manhã seguinte e recomece os dez dias.*

Começando agora, decida usar todas as ferramentas neste livro para não se fixar em pensamentos ou emoções perniciosas durante os próximos dez dias.

O objetivo é passar dez dias *consecutivos* sem se fixar em nenhum pensamento negativo. Sempre que persistir por tempo demais no pensamento negativo, deve recomeçar tudo, não importa por quantos dias já tenha enfrentado o desafio.

Quero que você saiba que o poder desse *Desafio mental de dez dias* é realmente espantoso. Se persistir, vai desencadear uma sucessão interminável de benefícios em sua vida. Aqui estão apenas quatro coisas que isso vai lhe proporcionar:

1. Fará com que você perceba todos os hábitos mentais que o contêm.
2. Fará seu cérebro procurar por alternativas vigorosas e úteis.
3. Vai lhe proporcionar um grande ímpeto de confiança, à medida que você compreender que pode mudar sua vida.
4. Criará novos hábitos, novos padrões e novas expectativas, que o ajudarão a crescer e desfrutar a vida mais e mais, todos os dias!

BEM-VINDO A UM MUNDO INTERESSADO

Na primeira vez em que encarei o *Desafio mental de dez dias*, resisti apenas por dois dias! Mas posso lhe garantir que, ao me ater a um padrão mais alto e insistir até ter êxito, o *Desafio mental de dez dias* tornou-se uma experiência que mudou minha vida. Sei que pode produzir, com diligência, o mesmo nível de liberdade para você que me proporcionou.

Gostaria de oferecer-lhe agora um tipo diferente de desafio... um convite especial, se preferir.

Iniciamos este livro com a ideia de que uma das melhores maneiras de resolver nossos problemas — para criar nossa felicidade — é ajudar outra pessoa numa situação ainda mais difícil. Quando as pessoas me dizem como a vida é difícil, como seus problemas parecem insolúveis, a primeira coisa que faço é ajudar a interromper esse estado de espírito habitual. Faço um pedido simples: *"Esqueça* seus problemas por um ou dois dias, procure alguém que passe por dificuldades maiores do que a sua neste momento, e ajude essa pessoa, tornando sua situação um pouco melhor." Minha sugestão é muitas vezes recebida com a expressão: "Não há ninguém com problemas maiores do que os meus!" Mas é claro que isso nunca é verdade. Se perdeu o emprego, procure um casal que tenha perdido o filho ou a filha. Se está lutando para equilibrar o orçamento, encontre alguém que esteja lutando para permanecer vivo nas ruas. Se está aflito por uma promoção perdida, encontre alguém se abrigando em vãos de porta como proteção contra o frio e a chuva, tirando seu sustento apenas da sopa dos pobres. Isso o fará lembrar como é afortunado.

As probabilidades são de que haja mais de uma pessoa com um desafio mais difícil do que o enfrentado por você no momento. Ajudar fará duas coisas: 1ª) Enquadrará seu problema na devida perspectiva. Seu fardo provavelmente parecerá mais leve e você verá de perto a coragem espantosa que as pessoas sempre demonstram ao enfrentar os maiores desafios da vida. Você vai compreender que há sempre uma maneira de mudar as coisas. 2ª) Mesmo que você não "resolva" o problema, mesmo que apenas conforte e se interesse por outra pessoa, aprenderá que não pode dar algo sem receber em troca multiplicado por dez. Não estou falando em recompensa por seus esforços, mas sim da satisfação de uma das mais profundas necessidades humanas: a necessidade de um senso de contribuição. Apenas se dando de maneira altruísta, você experimentará o máximo em realização e alegria humana.

Mas como você pode participar disso? É difícil? De jeito nenhum! Nas próximas 24 horas — ou no máximo dentro de uma semana — dê a alguém que nem mesmo conhece um "pouco" de ajuda, um "pequeno" apoio. Talvez amanhã você possa procurar um asilo ou hospital. Ao sair do trabalho, em vez de ficar parado no tráfego intenso na volta para casa, vá a um asilo, apresente-se à pessoa encarregada e peça para falar com alguém que não receba visitas há algum tempo. Diga que gostaria de conhecer alguém que não tem família, ou cuja família não o procure. Quando se apresentar pela primeira vez, ofereça um sorriso exuberante e diga: "Oi, Charlie!" Se Charlie se mostrar tão feliz ao vê-lo quanto você, que tal um abraço apertado? Passe uma hora com ele, falando e escutando, descobrindo quem ele é e tudo a seu respeito. O que você acha que isso faria por uma alma solitária, ter um estranho que se importante tanto que vai visitá-lo? Melhor ainda, o que acha que isso faria por você?

No mínimo, serviria para lembrar-lhe o que representa sua vida e quem você realmente é. Atenderá às mais nobres e fundamentais necessidades da raça humana, se conectar e contribuir. Vai transformá-lo. Por isso, encontre o tempo... e dê a si mesmo a dádiva que só advém de se dar de uma forma altruísta.

Como nosso tempo juntos se aproxima do fim, gostaria de lhe pedir um favor pessoal. Prometa que vai tomar o maior cuidado com você mesmo. Quanto melhor estiver, mais poderá dar aos outros. Melhor ainda, vá além de cuidar de si mesmo. Crie uma vida extraordinária... uma vida comum a que você apenas acrescentou um pouco de dedicação, empenho e amor.

E, por favor, escreva-me para contar como usou o que aprendeu aqui para melhorar sua própria vida ou a vida de outros. Aguardo ansioso por um contato pessoal com você. Até lá...

"Que a estrada suba ao seu encontro. Que o vento sempre sopre em suas costas. Que o sol brilhe quente em seu rosto, que as chuvas caiam sobre seus campos, e até nos encontrarmos de novo... que Deus o tenha, suave, na palma de sua mão."

— Antiga bênção irlandesa

Adeus e que Deus o abençoe
Tony Robbins

EPÍLOGO

Você vai encontrar mais informações sobre estas ideias no best-seller de Tony Robbins *Desperte seu gigante interior**.
Favor consultar os seguintes capítulos:

"Decisões: o caminho do poder"
"Sistemas de convicção: o poder para criar e o poder para destruir"
"Como conseguir o que você realmente quer"
"As perguntas são a resposta"
"O vocabulário do supremo sucesso"
"O poder das metáforas da vida: destruir os bloqueios, derrubar o muro, largar a corda e dançar a caminho do sucesso"
"A magnífica obsessão — criar um futuro irresistível"
"O desafio mental de dez dias"

Para informações sobre a maneira de mudar sua dieta e ter mais energia, veja o Capítulo 10, "Energia: o combustível da excelência", no primeiro livro de Tony Robbins, *Poder sem limites*.

---

* Publicado no Brasil pela Editora Best*Seller*. (*N. do E.*)

SOBRE A FUNDAÇÃO ANTHONY ROBBINS

A Fundação Anthony Robbins é uma organização sem fins lucrativos, com a missão de procurar sistematicamente e ajudar os menores carentes, desabrigados, idosos e detentos. Os melhores recursos para inspiração, educação, treinamento e desenvolvimento são oferecidos a esses importantes membros de nossa sociedade, por todos os que participam das atividades da fundação.

UMA VISÃO REALIZADA

A fundação é um sonho antigo de Tony Robbins que se converteu em realidade. Filantropo dedicado desde os 18 anos, ele tem trabalhado com o Exército de Salvação em South Brooklyn e Bronx, em Nova York, e também com desabrigados no Havaí e na área de San Diego. (Robbins também mantém seu compromisso pessoal de financiar todo o orçamento anual de alimentação de uma agência de serviços sociais no North County de San Diego.)

PROGRAMA DE BOLSAS DE ESTUDO "CAMPEÕES DA EXCELÊNCIA"

Entre as atividades mais inspiradoras da fundação destaca-se o Programa de Bolsas de Estudo "Campeões da Excelência". Ao visitar uma escola primária em Houston, Texas, em 1991, Robbins ficou tão impressionado com os alunos, professores e funcionários da escola que assumiu um compromisso: pagaria a universidade de todos os alunos da quinta série (turma se formando na escola secundária em 1999) que mantivessem uma média B, contribuíssem com uma média de 43 horas de serviço por ano, até se formar, e correspondessem a outros padrões de excelência acadêmica e pessoal. Em resposta, as crianças também passaram a ajudar, orientando outros estudantes, servindo como voluntárias em asilos e casas de saúde, e participando de outras atividades filantrópicas.

"BRIGADA DA CESTA" NO DIA DE AÇÃO DE GRAÇAS

Como um tributo ao espírito americano de generosidade que beneficiou sua família no Dia de Ação de Graças quando tinha 11 anos, Robbins celebra o feriado ao se reunir com a família e amigos para distribuir alimentos e outras provisões aos necessitados. Desde o início da Fundação Anthony Robbins, em 1991, uma de suas maiores realizações tem sido a conversão da tradição pessoal de Robbins num esforço continental, chamada de Brigada da Cesta do Dia de Ação de Graças. Com uma extensa rede de voluntários, distribui anualmente alimentos, roupas e outros recursos. Só em 1993 ajudou mais de cem mil famílias, em mais de quatrocentas comunidades dos Estados Unidos e Canadá.

SOBRE AS COMPANHIAS ANTHONY ROBBINS

Como uma aliança de várias organizações partilhando a mesma missão, as Companhias Anthony Robbins se dedicam a melhorar a qualidade de vida para pessoas e organizações que desejam sua colaboração. Oferecem tecnologias modernas para a administração da emoção e comportamento humano, preparando as pessoas para reconhecerem e *utilizarem* suas opções ilimitadas.

Aqui estão alguns dos recursos úteis que as Companhias Anthony Robbins oferecem a você e/ou sua organização.

Robbins Research International, Inc.

Esse serviço de pesquisa e *marketing* da empresa de consultoria e desenvolvimento pessoal de Tony Robbins realiza seminários públicos e empresariais no mundo inteiro. Os tópicos variam do desempenho máximo e controle financeiro à reengenharia de negociação.

Uma das experiências educacionais mais procuradas é a Universidade da Proficiência, promovida pela RRI durante o ano inteiro. Transmitindo habilidades de liderança do século XXI, esse curso de instrução em três partes é realizado em alguns dos melhores lugares do mundo. Os professores possuem qualificações incomparáveis. Entre alguns dos instrutores e temas desse programa podemos citar o general Norman Schwarzkopf, sobre liderança; Dr. Deepak Chopra, sobre saúde e a mente; e Peter Lynch e Sir John Templeton, sobre finanças. A universidade já teve representantes de 42 nações.

Anthony Robbins & Associates

Essa franquia e rede de distribuição promove seminários de multimídia a comunidades locais e empresas do mundo inteiro.

Possuir uma franquia da Anthony Robbins & Associates oferece a oportunidade de ser uma fonte de impacto positivo e crescimento para os membros de sua comunidade. Anthony Robbins & Associates fornece aos franqueados o treinamento, visibilidade e apoio permanente para criar um empreendimento que realmente faça uma diferença na vida das pessoas.

Robbins Success Systems™

A Robbins Success Systems (RSS) fornece às empresas da lista de mil maiores da *Fortune* treinamento nos mais modernos sistemas de administração, comunicações e trabalho de equipe. A RSS efetua um meticuloso diagnóstico pré-treinamento, treinamento específico e avaliação e acompanhamento pós-programa. Preparada para atender às suas necessidades individuais, a RSS é uma catalisadora para constante e incessante melhoria na qualidade de vida dentro das empresas do mundo inteiro.

Fortune Practice Management

Esta empresa de administração de serviços oferece aos profissionais de saúde estratégias vitais e apoio para melhorar a qualidade e lucratividade de seus consultórios e clínicas. A empresa empenha-se em fazer uma diferença na qualidade de cuidados com a saúde e na qualidade de vida de seus profissionais.

Anthony Robbins Productions

O foco dessa empresa de produção de televisão é a criação de comerciais informativos da mais alta qualidade, com orientação de marketing, para exibição em escala nacional. A TRP trabalhou em empreendimentos conjuntos para produzir quatro dos mais bem-sucedidos comerciais informativos já apresentados. Usando uma sofisticada análise de mercado, a TRP especializa-se em moldar produtos e promoções para atender às necessidades de audiências específicas.

Namale Plantation Resort

Durante muitos anos, a família Robbins passou férias em Fiji, uma terra de beleza excepcional, onde o valor mais alto das pessoas é a felicidade. Agora, você também pode se hospedar no paraíso particular de Robbins... Quarenta e oito hectares de ilha tropical, com praias espetaculares, magníficos recifes de coral, respiradouros, cachoeiras. Você pode mergulhar, andar de esqui aquático, deitar na areia da praia, passear a cavalo, jogar tênis, basquete ou vôlei. Ou entrar sob uma cachoeira gelada. Partilhar a música, alegria e carinho do maravilhoso povo fijiano.

Só vinte pessoas de cada vez podem desfrutar esse refúgio tropical magnífico e particular. Depois de se hospedar em Namale, você nunca mais vai olhar o mundo — ou a si próprio — da mesma maneira. Caso deseje visitar a Namale Plantation Resort, procure seu agente de viagens para informações e reservas, ou escreva para a Fundação Anthony Robbins, 9191 Towne Centre Dr. — Suite 600 — San Diego, CA 92122.

ANTHONY ROBBINS

MENSAGENS DE UM AMIGO

ANTHONY ROBBINS

MENSAGENS DE UM AMIGO

Este livro foi composto na tipografia Minion Pro
Regular, em corpo 11,5/17, e impresso em
papel off-white no Sistema Digital Instant Duplex
da Divisão Gráfica da Distribuidora Record.